何谓『美国』?

Alexander Meiklejohn

〔美〕亚历山大·米克尔约翰 著
李立丰 译

北京大学出版社
PEKING UNIVERSITY PRESS

本书参照1935年诺顿出版公司（W. W. Norton & Company, Inc.）第一版译出

目　录

第一部分　导　论
　第一章　美国人有何理想？／3
　第二章　理想是什么？／24
　第三章　精神是什么？／42

第二部分　人类的悲剧
　第四章　负罪感／73

第三部分　自由的含义
　第五章　自由乃是人之自由／93
　第六章　自由绝非物之自由／113
　第七章　自由、平等、博爱／127
　第八章　自由与贫穷／142

第四部分　独立的阐释

　第九章　独立之渴望／151

　第十章　独立与边疆／157

　第十一章　独立与自由市场／170

　第十二章　独立与新教主义／187

第五部分　民主的精神

　第十三章　民主之意旨／203

　第十四章　民主与贵族政治／222

　第十五章　自由之理性／235

第六部分　结　　论

　第十六章　我们应当做些什么／261

　后　　记／287

第一部分

导　　论

第一章

美国人有何理想?

啊,但愿上天给我们一种本领,
能像别人那样把自己看清!
那就会免去许多蠢事情,
也不会胡思乱猜,
什么装饰和姿势会抬高身份,
甚至受到膜拜!①

---

① 这首诗创作于1786年,原文使用了大量苏格兰俚语,作者为苏格兰著名浪漫派诗人罗伯特·彭斯(Robert Burns,1759—1796)。诗歌的题目为《致虱子:教堂内目睹某女士帽内藏虱有感》(To a Louse, on Seeing One on a Lady's Bonnet at Church)。作者希望通过此诗,戏谑嘲讽人类往往对自己所处的尴尬境地并不自知。此处译文主要参考了该诗的英译标准本及相关国内译本,特别是王佐良的译本。参见王佐良:《王佐良全集:第十二卷》,外语教学与研究出版社2016年版,第157页。——译注

全书脚注无特别注明的,均为译注。以下不再逐一标明。

真心希望我们美国人能够理解"美国"。三百年来,我们一直于这片大陆辛勤耕作。距离在此建国也已有了一百五十年的光景。我们到底在做些什么?我们究竟想要做些什么?我们是成功了,还是失败了?我们所做的一切,是否值得?若将美国视为由诸多个体参与其中的一项共同事业,那么,美国究竟意味着什么?

我对此感兴趣,皆因自身所担任的教职使然。多年来,我一直致力于帮助年青一代美国人发现、理解下一步的目标,但始终未曾如愿。此去经年,我那些最为积极活跃的学生,往往都会反复追问:"您确定自己所探求的是一个真正的问题?也许根本就没有什么目标可言;也许您的问题本身可能并不存在;也许人活着不是为了这个或者那个,只不过碰巧变成了这样或那样而已。"如此一来,面对此前的尝试可能全部建立在纯粹幻想的基础上,是在让学生寻找根本就不曾存在的边界的这种质疑,作为一名充分尊重学生及其意见的老师,我感觉已经无路可退。

整场争论,都主要围绕一个词展开。这便是指代"目标"或者"方向"的"理想"(Ideal)。在我看来,答案是肯定的。即便还不甚明晰,但只有将人和目标或者方向联结起来,人本身才是"可理解的"。这些目标或方向——也只有这些目标或方向——能够赋予人以活着的意义。只有依据作为个人评价基础的行为标准作出评价后,你才能对行为人有所了解。说得直白些,真正了解一个人,或者一群人,便是能理性地赞扬或者鄙视其品质。在人际关系中,理解,意味着评价。为人师者,我同样需要如此这般去了解美国。作为人民,我们有何价值?是该被推崇,还是该被鄙视?我认为,在当今之美国,最为重要的便是,通过与美国人生活目标的关系考查自身的生活。那么,美国人到底有何理想呢?

时至今日,当代美国人显然不会轻易赞成提出此类问题。我们不会动辄去说,更不会动辄去想什么"方向"或"目标"这件事。相反,避之唯恐不及,对此毫无任何信任可言。作为现实主义者,我们更愿意接受事实,而非什么憧憬。朴素、简单的诚实信念,要求我们发现并全身心地面对真实的世界,不得在此以外耗费心力。在这一点上,我们显然和开创这个国家的建国者们形成了奇怪的对比。美国生活方式的缔造者——以及服务于这种生活方式的政府体制设计者——在生产经营领域都堪称精明冷静,但在谈及为这个国家设计的宏伟蓝图,以及这个国家的人民应当遵守的生活准则时,他们快言快语,充满激情。自由、公正、平等、民主——合众国的创造者们将这些话语挂在嘴边,放在心里。为了这些理想信念,他们积极谋划,不懈奋斗,甚至在必要的时候舍生取义。正是凭借上述精神与才智,他们才设计出堪称人类最高成就的社会秩序。对他们而言,美国是一项充满理想的事业,一片亟待拓殖与开发的热土。

如今,我们作为后人,虽然和这些先辈在同一片土地上生活,却早已不再讲述类似的话语,也不再进行同等水平的冷静思考。恰恰相反,"人民应当遵守的生活准则"这种话语本身,往往就会引发质疑乃至敌意。"难道我们将变成这些准则的奴隶?"很多人不禁会问。我们当中只要有人公开呼吁《独立宣言》中倡导的理念,便会被贴上"蛊惑人心者"的标签。我们会想当然地揣测:"冠冕堂皇的套话后面,究竟隐藏着什么不可示人的目的?"显而易见,这些担心并非毫无理由。现在,大声呼吁自由的,基本上都是些想奴役同类的家伙。法律面前人人平等,已经演变为确保人和人之间事实不平等的强力工具。呼吁公平正义,大体服务于实质上缺乏公正性的目的。我们所有的道德及政治理念中最具包容性、最为强有力的民主,现在,对于我们大多数人来说,俨然成为一种可耻的圈套。一旦提及民主,我们或

18

施以自嘲,或报以苦笑。

在过去的三百年,特别是建国后的一百五十年间,究竟是什么改变了美国人的所思所想?难道我们已经丧失了理想信念?难道我们已经下决心用事实陈述来取代价值判断?我不这样认为。目前,人们所表达的讥讽与幻灭,不仅不能证明他们的热情耗尽,反而彰显出一种迫切而又备受折磨的需要。我们为什么会如此痛恨假借民主、正义、平等、自由幌子的言行?这显然不是漠不关心的无所谓心态。这也不仅仅是在陈述事实。相反,其所表达的,是对我们所珍爱的理念被恶意虚假陈述的满腔怒火。我怀疑现今这个世界还有谁会像美国人这样,如此强烈地呼吁公平正义与内心真诚。然而,现实面前,人心不古,我们被迫放弃了人之所以为人的核心特质。人,因为太想要诚实,以至于没有办法咬定自己在意真诚。人,因为太追求公正,以至于没有办法承认公正属于当今社会的构成要素。有些人虽然还没有彻底丧失理想,但基于某种原因,根本不愿对此多加提及。他们无法或者不想用言语对此予以表达。

可以从索尔斯坦·凡勃伦(Thorstein Veblen)的著作中觅得对我刚才的表达最令人信服的说明。凡勃伦堪称美国人之个人范本,同时也是当代社会理论最具原创性的信徒。其著作最为显著的特征,便在于书中蕴含的深意从不明言。表面上看,凡勃伦只是一位现实主义者。事实上,他也是现实主义者的领袖。凡勃伦毫不留情地迫使我们直面人类社会中不断律动变化的阴暗、残酷且不和谐的诸般事实。而在这一过程中,只字未被提及的所谓共同"理想",则被切割分解,变得支离破碎。即便如此,这位笔锋辛辣的讽刺大师,依然保有自己的信念与豪情——这也正是激发其雄辩的原动力——只不过没有作为话语背景表现出来而已。如果想要有所发现,一定不能仅仅深陷于凡勃伦给出的那些事实,而是应当关注他笔下的嬉笑怒骂。有幸聆听过凡勃伦演讲的人,一定认为,最具说服力的,与其说是他滔滔不绝的言辞,不如说是他眼中慢慢充盈的笑意。正是这种雄辩之才,展现出演讲者对真诚、明晰、慷慨及自由的热爱,远超其所发掘出的任何用以表达本意的辞藻。为什么凡勃伦坚持行讥讽之能事?为什么他的痛苦只能用笑声表达?如果能够回答上述问题,我们就应该可以找到本书所尝试的"理解"美国及美国人的正确方向。

而且,我们现在所讨论的情况,还不仅仅局限于美国。过去的三个世纪,我们,以及我们所隶属的西方文明的历史,处于由古至今的转型阶段。三百年前,欧洲还是一个以践行希腊人或犹太人的理想信念为主要特征的社会。现在,欧洲社会正受到两个强有力的外来因素的影响。在知识领域,出现了"科学"。在实际生活方面,机器工业开始发挥巨大的转变作用。这两股力量共同作用,催生了社会革命。在这方面,美国经验的唯一特殊性即在于,作为新大陆上建立的新国家,我们一直以来都更易于弃旧扬新。在美国,新的发展方向得以更为粗糙、更为简单、更为激进、更为便捷地崭露头角,而在历史悠久的欧洲各国,惯性使然,传统文化根深蒂固,很难撼动。那么,这种转型——我们自身的发展只能被视为其中所包括的一个极端特殊阶段——究竟是什么?

在我看来,当代人内心最为显著的特征,莫过于和古代人相比,不再使用"精神"(Spirit)一词。对于深刻影响我们先祖的希腊人以及犹太人来说,物质与精神的区分是最重要、最根本的命题。在他们看来,存在两个人类世界,而人类在思想及行动方面遭遇到的问题,将二者有机结合起来。让人的身体服从内心,让外在或物质世界服务我们的内在或精神世界,乃是人类自身文化起源的主导理想。但随着当代科学与技术的登场,二元论的支持者日益稀少,甚至趋于忽略不计。对于上述两种声势浩大的人类活动浪潮而言,"客观化"(Externalization）堪称最主要的推动力。科学及技术，无一例外，公开倒向了物质一边。各门科学只考虑外部关系。各种工业后来也沿用科技精英的思路，越来越喜欢根据纯粹客观标准处理问题。二者珠联璧合，共同将"精神"这个概念，从人类考虑的范围中彻底清除。经年累月，在表达客观事实方面，我们的内心变得愈发清楚、精确、明晰。与此同时，在这一过程中，此前一般于精神层面获得理解的部分，则越发含混且难以表达，无法在明晰、客观的思维过程中占据无可辩驳的一席之地。我们已经陷入，或被迫拔高到一个可以为弱者提供安慰与快乐的虚幻之地。我们开始认为，迎合精神层面的言行，即主张外在或物质世界应当服务于内在或精神世界的观点，全部都是无稽之谈。我们逐渐相信，这些多愁善感、流连梦境的理想主义者不敢面对现实，总是试图摆脱真实的世界。

现在，需要简要概括一下前文所涉及的问题。这便是:难道苏格拉底或者耶稣,希腊先人或者犹太先人,所言皆是废话?难道《便西拉智训》(*Ecclesiasticus*)、《以赛亚书》(*Isaiah*)、佛祖、圣方济各(Francis of Assisi)、罗杰·威廉斯(Roger Williams)或托马斯·杰斐逊(Thomas Jefferson),所言皆是废话?对于这一点,本人信念坚定且充满感情。我笃信,在所有表达方式中,通过精神财富而非物质财富的方式来表述美国,最为关键。通过希望抑或失望的标准考查美国人的生活,评价美国人推崇抑或鄙视的对象,反思其是否履行了自身应当承担的义务,诸如此类,都是理解这个国度的重要途径。除此之外的其他反思进路,则略显肤浅偏颇。这些思考进路,只要没有最终依据推崇或鄙视这一标准探究精神世界,必将一无所获。出于责任、荣誉及良知,我们在为所必为时做得有多好——抑或多糟?只要不涉及这一问题,那么我们所有的知识便都是无稽之谈。任何尝试回答这一问题的努力,都是在挑战智慧的极限。

"但是,什么科学技术,"我可能会被问及,"能够回答你给我们提出的这个问题?你通过何种学术方式收集材料?你如何认定或否定相关结论?你对有效性的验证标准为何?"这些疑问背后的含义一见即明。在被我称为"精神"的范畴当中,并不存在任何可印证的知识。在这里,人们利用自己的情感思考。每个人的想法,都会随着当时占据主导地位的个人态度——渴望抑或激情,痛恨抑或热爱,欢愉抑或痛苦——不断发生变化。而现在,面对挑战,我认为,我们应该像苏格拉底或耶稣那样思考。这两位先贤,皆在考查人类精神生活方面有着真知灼见。这两位先贤,堪称最高水平的思想家。正如伽利略、牛顿、达尔文、雅克·洛布精于理解、把握外在或物质世界那样,苏格拉底和耶稣在探究人类心智方面的能力无出其右。接下来,我们就可以像通过检视伽利略或达尔文的研究成果来发掘"科学"方法那样,通过研究苏格拉底及耶稣来探究精神世界的正确打开方式。他们在各自领域,充分展示了何谓优秀的思维范式。对之加以考查,必可获益良多。

据记载,伟大的希腊人苏格拉底,以及伟大的犹太人耶稣,曾深入民间,与大众讨论在人类生活中发现的经验价值,然后在所听所闻的基础上苦思冥想。就苏格拉底而言,我们了解到,他曾在青年时期极度痴迷当时的物理学,但很快,苏格拉底便发现,传统物理学对自己所选择的研究方向助益不大,遂弃之一旁。每天,人们都会看到苏格拉底出入市场集市、运动场所、酒楼饭肆,与艺术家、政治人物及兵士之类各色人等混迹在一起,找一切机会调查他人的主观兴趣与内心活动,并跟这些人共同反思这些态度或信念的有效性。一旦独处,他便开始回想、反思自己的所听所闻。很明显,耶稣的反思方式与此大同小异。这两位先贤,都曾试图了解人,特别是了解人的意图。这两位先贤,都试图将杂乱的信息整理为一个意义体系,去理解和解释人类目标——他们发现这些目标是迫切需要的。

我认为,这两位先贤的研究,酝酿出了迄今为止西方文明中最具洞见的两大认知。面对他人刨根问底想知道:"我应该成为什么样的人?做什么样的事?"苏格拉底的智慧浓缩为下面这句话:"爱知,慎行(Be intelligent; Act critically)。"同样反思人类行为的耶稣,也对大家说:"要以恩慈相待(Be kind)。"单纯从对西方世界民众内心的影响力判断,没有其他人的智力成就可以与上面这两位相提并论。我并不是说要全然认同这两位先贤的观点。但在当下这个极为敏感、极为关键的时刻,应当将二者提出的观点,视为我们努力尝试践行的人类基本原则。可以从中总结出两条适用于所有行为模式、社会组织以及个人态度的重要判断标准。首先,我们和苏格拉底一样,要判断行为或态度是聪明睿智,还是愚蠢笨拙。其次,我们和耶稣一样,要追问行为或态度背后的动机究竟是痛恨无视,还是恩慈爱意。怎么会有人居然看不出,跟若干世纪之前在雅典及巴勒斯坦一样,这两位伟大导师的理念依然适用于当今的美国？他们依然可以洞悉我们藏在心底的秘密！他们依然可以让我们直面自己。他们总是能够如闪电般照亮黑暗,让我们摆脱在寻找智慧及人性这两大根本目标时遭遇的困扰与迷惑。在这两位先贤的帮助下,我们有可能得到智慧女神的眷顾,进而发现自我。借此,可以让我们亲眼目睹,在尝试用理解与慷慨替代占据西方世界主导地位的愚蠢与仇恨的长期斗争过程中,美国扮演了何种角色,应当发挥何种作用。而这样的一种自我解读或认知,我敢肯定,不仅仅对美国,甚至对当今世界整体而言,都显得迫在眉睫。从精神层面判断,我们业已迷失在客观化的混沌之中,是时候让我们重新找回"自我"了。

然而,或许我还会面临进一步的追问:"应由何种科技承担认知乃至反思上述问题的工作？"对此,我必须直言,用当今科技的标准来看,苏格拉底也好,耶稣也罢,显然都属于非科技层面的存在,而他们所探究的问题本身,也无法简单对应某种科技,或者所有科技之和。这两位"学徒"从未在实验室里待过,更别提进行什么定量测量、关键试验或最终验证了。在科技层面,他们的结论依然,并且必将永远保持在"未经确认"或"未经证实"的阶段。然而,他们是思想家。在我看来,这两位思想家所实现的知识成就堪称天才,登峰造极。此番表述,我敢肯定,马上便会招来迅速且尖锐的回击。"你是在建议,"他们会质问,"在一个科技时代,依然适用在科学技术萌发前的古代社会残存的思考方式或进路?"对此,如果勇气依然能够支撑自己,那么我就必须明明白白地回答:"是的。"在我看来,全新科技手段的出现,并不会在实质层面影响我们处理苏格拉底或耶稣所面对的问题。而这些问题依然与时俱进,形塑着我们最为根本也最为急迫的主观问题。面对这些问题,科学技术的手段或方法显得相对肤浅,无法成为解决问题的主要手段。不容否认，全新科技帮助我们在事实发现、信息收集方面取得了长足进步。但绝对不能说科学技术否定了我们探究精神世界的本质或者处理这一问题的方式。现今，对人类精神的解读，和当年（即现代科技尚未诞生时）苏格拉底或耶稣所做的，实质无异。

作为上述"反调"的佐证，或许我应当从当今美国撷取若干实例。美国，过去曾经，并且一直不乏试图对人加以诠释的智者。威廉·詹姆斯——特别是他在晚年所进行的哲学反思——凡勃伦、杜威（Dewey）、罗伊斯（Royce）、怀特海（Whitehead）、奥图（Otto）、霍姆斯（Holmes）、汉密尔顿（Hamilton）以及科恩（Cohen）——这些人所从事的活动，基本都是在继承苏格拉底及耶稣所做的事业。我们可以从他们每个人身上，发现对人性高贵品质的渴求。这些智者更曾纷纷为达成人性的高贵献言献策。并且，我想特别强调的是，他们沿用了上述两位先贤所采用的研究范式。这些智者在伏案研究时,面对的材料,正是与远近不同的人的交谈记录。他们静静地远观,思考人类行为的属性。他们当中没有谁是所谓新信息的发现者,我甚至怀疑他们是否为我们的知识体系添补过任何重要的事实。当然,他们值得尊敬的原因,也绝不在此。至于所谓"验证"的问题,情况与此大同小异。从科技层面来看,他们也从来没有想过对自己的结论做什么"验证"。的确,他们非常热切地欢迎科学技术能够提供的一切全新知识。但是,整体而言,他们的探求与反思依然限制在其本身,限制在像他们一样的普通人。借此,他们试图理解人类生活。并且,在理解的过程中,他们脱颖而出的原因,并不在于所掌握信息的广度及准确度,而是在于见解的睿智、分析的灵活,以及激发他们不倦探索的精神激情的深厚与丰富。

　　对于苏格拉底及耶稣的反思范式所具有的优势特质,还需要补充两点。这两位先贤对生命的解读,都包含着批判的意涵,换句话说,赞同或反对人们对于自身生活的态度或观念。在他们手中,人性本质的判断,以一种明晰且深邃的推理方式,不断发生着改变、矫正、扬弃、丰富。在这门充满艺术感的实践活动中,这两位先贤同样堪称大师。在既有文献中,我还找不到任何比苏格拉底及耶稣与其弟子对话时,对弟子的谬误观点所作的批判更令人兴奋、更具说服力的论述。"你们中间谁是没有罪的,谁就可以先拿石头打她。"耶稣如是说。道德习俗评判易于逐渐沦为愚蠢言行,对此,苏格拉底曾有深刻洞见,他在《欧绪德谟篇》(*Euthydemus*)中追问:"你认为你那无所不知的兄长不对吗?"①这种将对手满口胡言彰显无遗的做法效果显著,让整个论辩高下立判。在这种非科技性质的反思方式中,真理与谬误需要截然区分开来。

---

① 译文参考了〔古希腊〕柏拉图:《柏拉图全集》(增订版),王晓朝译,人民出版社2015年版,第39页。

此外，人类生活的伟大解读者们，似乎拥有一项异乎寻常的能力，能够将海量的人类态度与判断，条分缕析，纳入单一的范式当中。苏格拉底及耶稣范式的熠熠发光之处，正在于依据我们的经验法则，任何人类行为都可以被纳入一个有序且可说明的体系当中。在"认识你自己"的口号下，苏格拉底致力于总结我们的所有优点、所有可供推崇的生活方式。所有这一切都被视为是特殊类型的智慧，或者自我认知。并且，以相同的方式，"又要爱邻舍如同自己"，将智慧融入社会秩序当中。耶稣告诉我们，一切正确的社会态度，都应采取与人为善的形式。一切人类言行，都应将慈悲同情作为基础。上述见解，当然，绝对算不上是诠释生命的全部含义，但属于随着人类智慧不断发展，解构与重构相关诠释，转型与改造相关范式的基本原则；属于在永无止境的人类精神内省过程中，供人们创造和理解生命含义的智力工具。

接下来,便涉及本书要讨论的命题。我们需要了解美国。因此,我们必须像苏格拉底和耶稣那样思考,必须从精神层面诠释我们的国民生活。因此,我们必须发现并且明确自身的理想信念这一精神层面的问题。当然,从事此类探索的任何人,都不应笃信终将成功。但我们必须勇敢迈出第一步,并且在一旦出现了阻碍甚至颠覆人类目标的悲剧性混淆及反复时,坚持到底。接下来的问题便是,美国人究竟有何理想?

第二章

理想是什么?

人,才是真金,不管他们那一套。①

如果我诠释"美国"的这番尝试显得进展缓慢,还请读者能够给予耐心。恳请读者理解,我们所做的,并非发掘新信息,而是从全新的角度审视早已为人所熟知的事实。对经过长期使用已经变得语焉不详的概念及含义,我们必须重新解读。在接下来的两章,我将尝试阐明——非常抽象,我担心——理想是什么。为此,又

---

① 这首诗是罗伯特·彭斯创作于1795年的《不管那一套》,此处译文主要参考了王佐良的译本。参见王佐良:《王佐良全集:第十二卷》,外语教学与研究出版社2016年版,第105页。

必须论述物质与精神之间的博弈,在我看来,这是所有核心意涵建立的基础。唯有如此,才能进而讨论"理想是什么"。如果能够准确理解这一命题,把握美国精神就将水到渠成。

在我看来,此前我们对理想这个概念的适用似乎无懈可击。在考察美国风土人情的时候,我们或赞成或否定,或景仰或鄙视,或狂喜或绝望。像路易斯·布兰代斯(Louis Brandeis)、简·亚当斯(Jane Addams)、约翰·杜威等人,都让我们深以自己是美国人为荣。用我们的标准加以衡量就会发现,这些人堪称人类精华,其生平作为所体现出的力与美,达到了极高水准。他们的一生,从事了有价值的事业。只要这样的人还存在,美国就称得上成功。

同样,我们所推崇的故人,还有心怀家国的亚伯拉罕·林肯(Abraham Lincoln)。他所面对的是来自四面八方无可撼动的森森敌意。他所担负的是看似无可承受之层层重压。除了他,我们不禁要问,还有谁能够一方面默默承受,一方面坚持自己的幽默、公允、宽容、通达,以及判断时的深邃与周全?他身边的所有人,都在远不及此的压力面前一触即溃。这些人所做的,是散播仇恨,发表谎言,寻求自保。与此形成鲜明对比的林肯,多么伟大!多么高尚!多么可敬!

而这些,就是我现在希望用来对我们这个国家加以整体形容的词汇。我们都渴望敬爱祖国,对高质量的国民生活与有荣焉。同样,我们也会痛心于这个国家——或者这个国家的某个组成部分——变得刻薄、卑微、粗鄙抑或蠢笨。看到国家实力与日俱增,视野越来越深远,越来越乐善好施、睿智灵活、正直担当,我们都会满心欢喜。我们渴望让美国人民过上令人羡慕的生活,言行得体,品格高尚。

这些概念的含义究竟为何?只是些空洞的辞藻?还是多愁善感者在痴人说梦?抑或只有通过这些概念,

才能够充分表达一个人应具有的核心品质？这些概念到底是废话，还是所有人类智慧的立足点？

对于这一问题，回答得最清晰，也最有说服力的，是斯多葛学派哲学家埃皮克提图（Epictetus）。在评价人类行为的标准时，他如是说：

> 赫尔维狄乌斯·普里斯库斯（Helvidius Priscus）言行一致，当韦帕芗（Vespasian）下令不许其前往元老院时，他答道："您有权让我不再担任元老，但只要我还担任此职，就必须前去办公。""那好吧，去了至少别发言。"这位罗马皇帝说道。"那么请您不要征求鄙人的意见，"普里斯库斯回复称，"我会保持沉默。"皇帝表示："但我必须假装问你。""那我就必须开诚布公地提出我认为正确的答案。""但如果这样，我就必须处死你。""我难道没有告诉您，这样的话我就将永垂不朽？陛下您有权力

做您想做的,我也有权利做我想做的。您杀人,我赴死;您谴责放逐,我慷慨就义。"

我们不禁要问,作为独立的人类个体,普里斯库斯究竟做出了何种丰功伟绩?对于一件衣服而言,紫色能够发挥何种作用?除了美,除了为其他人设立美的参照系,还有什么别的吗?

很明显,埃皮克提图这里是想给我们所使用的概念注入情感因素。他发现了一个英雄——赫尔维狄乌斯·普里斯库斯。埃皮克提图对他佩服得五体投地。"这,"埃皮克提图表示,"就是美;这就是一个做了自己应该做的事情的人。"但他这样显然绝非盲目推崇,更不是单纯的感情用事。他所做的,和苏格拉底抑或耶稣一样。埃皮克提图在思考,在检视,在分析。他利用自己在道德分析领域无出其右、出类拔萃的睿智触觉,对人性本质予以明确分析。那么,他对可歌可泣、值得尊敬的人又到底说过什么呢?

我认为,说到底,埃皮克提图的核心观点,便是提醒大家特别关注"相关性"这个问题。如果他生活在当今美国,就一定会告诉大家,我们大多数人反思人的问题时遭遇的实质问题,不在于其是否真实,而在于其是否准确。假设有人被问及:"荷尔蒙是什么?"假设接下来这个人的回答是:"三加二等于五。"我们该如何评价这个人的回答?显然,我们不能简单地反驳他。除了为二者无法有效理解彼此而扼腕叹息,还能做些什么?这一幕场景,我认为,很好地说明了关于人类生活的讨论现状。从人类核心旨趣考察,我们知道的太多,但其中有意义的又太少!我们的认知,虽然算得上睿智准确,但始终没有对准焦点!

　　然而,埃皮克提图眼中的焦点问题究竟是什么?他思索的,据我解读,是人类可以达成的行为之壮美与高贵。在找到了可供景仰的参考对象后,他在考虑如何对比可供景仰与必须鄙视的人类行为。在此过程中,埃皮克提图运用他一贯正确的洞察力,选择适合表达自己意图的概念,摒弃无法满足这一目的的词汇。如果我们考察的是人类的生活质量,他似乎在说,那么就必须接受三个与此相关的基本原则。第一,我们能够推崇或鄙视的,只能是人。对于一切非人的事物(例如环境、自然力、境遇、事件等)皆应由科学技术负责处理——对此,道德意义上美的判断没有也不应当存在任何意义。第二,推崇及其反义词,仅仅适用于人的内在或精神世界。生命还存在表面或者外在的东西,对此,上述概念也没有任何直接的参考价值。第三,人的内在世界中,只有与所谓义务有关的部分,才能够推崇或鄙视。我们对于人类成就的判断,必须在被接受为义务的层面寻找立论根基。我也希望当今的美国人,能够像这三项原则的创建者埃皮克提图那样,认识到其所具有的意义及重要价值。

第一个原则,表现为"普里斯库斯作为**独立的人类**

个体,究竟做出了何种丰功伟绩"这个问题。这里,埃皮克提图想要表达的意思是——和他在其他很多场合的观点类似——无论何时何地,当我们谈及是推崇还是鄙视的时候,考察的都是独立面对作为人类行为场域的这个宇宙的主体,即人本身。我们将一切外在的东西——他所处的环境、经历的境遇、从事的行为及条件,其他人类主体,甚至他所面临的欲望、恐惧、兴趣、激情等力量——从他身上剥离干净。所有的这一切,都是为这个人服务的,都是这个人的工作材料,赋予其行为的场域。但是,只有"他"才是行为人,只有"他"才有事要做。正是这种人类行为(即人类的活动),才是我们褒奖或谴责的对象。只有人——除非还有在此方面与人类似的存在——才该当推崇或鄙视。对于其他客体,上述概念没有任何意义。

第二个原则,在上述基础上进一步作出限缩。只有人类行为的内在或精神方面,才可以被推崇或鄙视。该原则可以通过故事的主人公(英雄普里斯库斯)与故事的叙述者(哲学家埃皮克提图)态度上的截然区分,加以阐明。埃皮克提图推崇英雄,但英雄不会推崇自己,其所思索的不是所谓对于内在精神的推崇,而是其他外部言行。只有深入自己笔下英雄内在或精神世界的故事叙述者,才有资格使用推崇或鄙视的概念。评价外在或物质世界的价值观,与此截然不同。

38　　如我们所见,埃皮克提图关心的问题较为固定。他所考察的是道德之美。而这种道德之美,存在于赫尔维狄乌斯·普里斯库斯的行为及品质当中。这部分"内在"的东西,才是埃皮克提图关注的焦点,因此,对罗马皇帝与其元老所讨论的公共问题,他只字不提。我们甚至没有被告知谁的意见是正确的。外在或物质世界存在对错之分,对此,埃皮克提图无话可说。他所关注的,仅仅是普里斯库斯的内心经验。从中,埃皮克提图发现了忠诚、对于欲望及恐惧的充分驾驭、机智睿智与内心的决绝。正是这些内在的特质（而非其他因素），令主人公备受推崇。

同时，普里斯库斯的心境与此完全不同。对他来说，外在的问题才是最主要的。他并没有思考如何完善自己，也从未像埃皮克提图那样对自己褒扬有加："我是多么完美！"那些本来应该好好弄清楚义务要求的行为范畴的人，却只顾陶醉于自己的优点，对于这类道德伪善者，没有人比故事的叙述者——埃皮克提图——批判得更尖锐，更无情。但普里斯库斯显然不属于此类人。他所询问的，并非"我是多么完美"，而是"我如何才能在元老院投票"。他主要感兴趣的，是这个外在问题，其次才会从内在层面考查自己与外部问题的关系。这也可以解释为什么推崇抑或贬损等词，并未进入到他的对话当中。这些概念，都与国家的福祉无关，而仅仅与人的内在素质和行为有关。只有在询问一个人的内在价值的时候，这些概念才有意义。

第三个原则,需要通过对比义务与"强制"(compulsion)来加以说明。而这正是普里斯库斯与韦帕芗的不同。在他们之间的互动过程中,两个人都使用了"我必须"这种表述。但在埃皮克提图看来,这两个人分属完全不同的两个世界。普里斯库斯是英雄,而韦帕芗则甚至连被鄙视的资格都没有。随着叙事的延续,这位罗马皇帝最后被发现仅仅是一个背景而已。如此一来,怎样进行对比?

关键点在于,普里斯库斯被视为基于内在的义务关系行事。在这个故事的每个起承转合之处,都有"我必须"在等着他。他必须前往元老院,即便皇帝明令禁止。他必须表达自己的看法,即便可能会为此付出某种代价。他必须考虑到国家的福祉,即便可能会因此遭到贬黜甚至处死。道德意义上的"我必须"如此强烈,以至于诱惑或恐惧都无法令他放弃。正是能够积极回应这种义务要求的素质,让普里斯库斯受人崇敬。

但韦帕芗同样使用了"我必须"的表述。"但我必须假装问你。"这位罗马皇帝说。那么,为何他就没有办法成为像普里斯库斯那样的英雄呢?答案就在于,当他在使用"我必须"时,并没有任何内在的义务感。非常明确,这是一种外在的强制。他所说的,并不是出于道义责任需要你的表态,根本不是!所谓"道义责任",并不在他当时所关注的范畴。其言行的驱动力,大体可总结为试图强加于这位桀骜不驯的元老而未果的类型。他只想诉诸恐惧及环境,而非唤醒对方的义务感。借此,这位罗马皇帝希望能够避免普里斯库斯表示反对的效果。显然,他宁愿不与普里斯库斯进行此种沟通,但别无选择,或者说,无法逃避;当时的情况不允许。他所说的"我必须"意味着自己只能这样做,而不是基于内在的义务。事实上,他并不是在从事特定作为,而是不得不从事特定作为。在这个角度上来看,对其加以推崇或鄙视,的确毫无意义可言。他这样做,不是对内在义务感的有效应对,而是在迫于其"自身特质"之外的力量下无奈而为。这个故事说明,韦帕芗没有作用于环境,而是被环境所作用。

接下来,就可以讨论兼容了第一项及第二项原则的第三项原则了。埃皮克提图为我们界定了考查人以及人类群体的一种道德的人性方式。他认为,只有在一个人自觉或不自觉地承担特定义务的情况下,才可以对其加以推崇或鄙视。个人也好,国家也罢,如果无法被认为承载了此类义务,那么"推崇"或"鄙视"就无法与其合理挂钩。正是这种论断,才让我感觉,对于目前的美国人来说,埃皮克提图的意义愈发彰显。认清普里斯库斯与韦帕芗之间存在的截然不同,至关重要。我们需要认识到,"我必须"这个词存在内在及外在含义,二者因为是否包括人类精神方面的内容而判若云泥。基于道德义务选择为人处世的方式,与迫于形势,或者出于盲目或贪婪而不得不如何,截然不同。我想在这里说明一点,目前我们美国人越来越依赖于外在概念诠释自己的生活。我们的当代生活,如通常所说,浸染、充斥着外在主义与强制被迫。我们的行为指向的,尽是些外在的成就。我们这个国家,一心谋取物质发展。而这就需要仰仗符合科学技术规律的身体、习惯与方式。

如果是这样,就势必如埃皮克提图所言,对我们来说,内在生活的理念及概念将最终不可避免地失去意义。如果我们,抑或这个世界,满脑子想的都是缺乏人类本质属性的外力、环境、倾向、局势、条件、因果,那么赞成或反对,推崇或鄙视等概念,最终都将沦为毫无意义的空壳。力量可能会枯竭,但绝对不应遭到谴责。条件可能会改变,但无法对其表示赞同。环境可能非常艰困,但无法对其加以推崇。对于目前美国人来说,最悲伤的事情,莫过于埃皮克提图的论断成真。因为我们思想上的形式主义,谴责与推崇之间的界限也开始变得含混暧昧,甚至沦于无形。对于我们很多人来说,这些概念所表现的无非是某种变动不居的个人偏见而已。作为人,我们高度质疑是否存在任何行之有效的人性优劣的判断标准。虽然这对人类生活颇具破坏力,但无疑这种想法的确在我们的思想中占据了一席之地。时代已经发展到我们必须作出决断的阶段,如果人不是某种精神意义上的存在,对其推崇或鄙视还是否明智?我们随波逐流,开始沿着排除人类本质叙事中的赞誉与批判这条逻辑脉络沉沦下去。由于这一点对研究美国及美国的理想信念太过重要,因此,我希望能够再次重申埃皮克提图界定推崇或赞誉原则的标准。

首先,如果希望研究人类的卓越与失败,我们就必须将人和自然加以界分,必须根据从人身上分离出去的事物对人进行判断,使人获得不同于这个世界其他一切存在的地位。当我们用这些外在的概念来看待人时,所使用的这些概念的含义可以让人——和其他存在一样——融入整个世界的发展进程中。在这个外在或物质世界中,人只不过是动物的一种而已。如果我们关注的是人具有的特有品质、道德之美以及杰出禀性,抑或与此完全相反的内在属性,那么就必须设计并使用一套将人视为不同于"自然"对象的独特存在的概念体系。我们必须将人视为人。我们必须通过比较人和其行为所作用的外在或物质世界的方式,对人加以认识。

其次,我们必须做好准备,严肃对待"内在"这个概念的意涵。我们必须像对待"客观"与"真实"之于外在世界那样,对待内在这个概念。我们必须承认内在精神跟神经抑或肌肉一样真实存在;必须承认道德义务与欲望一样真实存在;必须承认对责任的理解和对消化的理解一样合情合理;必须承认赞成与否的价值至少和测量反应时间一样具有价值;必须承认对于推崇或鄙视的评价和对于时空幻境的判断一样切实可行。在我看来,埃皮克提图并没有低估外在的概念及其含义。人是一具肉体躯壳,但同样拥有内心精神。和否认智力具有内在价值的自负的教条主义者不同,埃皮克提图坚决捍卫内心世界的事实属性。他会告诉我们,在任何意义上,我们都可以推崇或鄙视特定的人类行为,与此类似,所有人都存在可以被人推崇或鄙视的内心世界。

最后,埃皮克提图提出,要推崇或鄙视一个人,需要将他和他所从事的某项事业或活动联系起来。对于参与体育比赛的青年,我们或许会对其高超的技巧赞誉有加;对于完成某项任务的劳工,我们会因为工作成果对其作出赞扬或者批判;对于某位正在尝试创造富含美感或有价值之艺术品的艺术家,我们将依据其他艺术家所达成的艺术成就,以及为激励人们不断努力探索完善、追求高贵而预设目标的标准体系,对其加以评价。正是埃皮克提图在此方面的反思,对本书的发展产生了直接影响。我们探究的是,美国人的生活方式究竟该当推崇还是应遭唾弃。如果我们不明白美国致力完成的事业是什么,如何能够回答上述问题?我们,作为人,该如何达成自己的目标？我们究竟在做些什么？我们是不是从未肩负任何义务？这样一来，我们就不再是精神意义上的存在。褒奖抑或贬损，推崇抑或鄙视，必然变得无关紧要。一言以蔽之，应当根据作为我们生活判断标准的价值理念，判断我们是否可敬。而理想信念，则是一种值得推崇的行为范式。由此，我们的任务就变成了检视美国人的内心世界，直至找到可以作为推崇或贬损标准的价值理念。美国承诺要成为什么，要做些什么？和我们这个国家可能变成或者可能没有变成什么样子相关的精神层面的义务——"内在美"和"为他人树立美的例证"——究竟意味着什么？

第三章

精神是什么?

深渊说,不在我内。

沧海说,不在我中。①

在苏格拉底、耶稣以及埃皮克提图的叙述中,可以觅得"精神"(Spirit)的界定。当然,对于这个定义,我担心稍显含混。看起来,此类界定和我目前的很多表达似乎存在某种怪异的不合拍之处。但这些困难——如果我此前的表述没有问题——其实都对精神的定义有益无害。当然,这也在提醒我们,我们所从事的这项事业

---

① 译文参考了《圣经·旧约·约伯记》28:14 相关部分。参见《圣经》,中国基督教协会译,中国基督教协会 1996 年版,第 497 页。

实属不易。那么,在尝试论述精神与肉体之间的抽象界分之前,是否可以提醒读者注意,二者之间存在的混淆,似乎就是造成我们这个社会以及我们个人生活遭遇诸多灾难的元凶?迎面而来的灾难威胁,赋予我们直面挑战抽象性的勇气。

目前的许多社会理论与实践充斥着一个明显的缺陷。这便是"我们—他们"(We - They)的问题。我们的社会研究者积极为人民的福祉出谋划策。我们的社会工作者试图缓解、救助人类的苦痛。但在这两类群体当中,客观化的思考范式都给我们造成了很多麻烦。他们都没有践行"己所不欲,勿施于人"这一箴言。"我们"这些为社会绘制蓝图的人,承担了精神层面的义务。但是被计划的"他们",却具有物质需求。"我们"梦想自己能够践行精准、勇气、诚实、耐心、同情、周全等理想意义上的道德义务。但"他们"一般认为只会对别人给予的物质感兴趣——食品衣物、少劳高薪、小恩小惠。看起来,"我们"和"他们"仿佛身处不同的世界。他们似乎不太像是我们这样积极活跃的人类,他们是需要照顾的"肉体",而不是值得尊重、可以发展友情的"人"。

此前,查尔斯·比尔德(Charles Beard)就曾经针对上述问题发表过真知灼见。比尔德品质高尚,但这反倒将他表述中存在的矛盾暴露无遗。他对建构美国发展目标的表述,内容如下:

> 话不赘言,简单来说,美国人现在问了自己三个问题:为了建构一种体面的共同生活标准,在衣食住行、舒适便利方面,我们究竟有何需要?为了满足上述需要,我们需要掌握哪些自然资源、科学技术以及管理知识?如果无法将经济充分发展变成现实,是否就意味着我们文明自身的彻底失败?
>
> 这些居于美国人生活核心且势头有增无减的主流观念,并没有任何封建、神学抑或形而上

学意义上的根基,也不能转化为特定的意识形态、神学或形而上学的表现形式。这样做,除了向美国人传递一些没有意义的废话,别无他用。理由十分简单,美国人的意识形态传统,显著区别于欧洲人的意识形态传统。*

上面这段表述的错误之处在于,如果其论断正确,那么比尔德先生就不应算是一位美国人。无法仅仅根据美国人追问的这三个问题来描述或诠释比尔德的生活。对他而言,最为核心的驱动力显然不是对"衣食住行、舒适便利"的需要。他对自己的生活状态究竟是成功还是失败的评价,也从来没有像其他美国人那样,适用是否满足上述"需求"这一标准来判断。比尔德先生职业生涯所取得巨大成功的原因,在于他本人的无私无畏、人格完整、幽默诙谐、乐善好施,在于他学术上的严

---

* *The New Republic*, February 6th, 1935, p. 352. ——原注

谨明晰,也正是有赖于此,他才得以对美国人的行为进行相关诠释。凭借上述品德,比尔德影响、激励了一众因为发自内心的推崇,愿意步其后尘、继其衣钵的年轻人。他一路引领的这些人,萧规曹随。但同时,我认为,这也导致这些人在美国研究领域误入歧途。比尔德教导他们,将他人作为完全不同于自己的存在来看待。在他引领下,这些后来者摇身一变,成为知识界的贵族阶层。与他们不同,我呼吁美国的目标,绝不能被理解为比尔德先生说过什么样,就应该是什么样;相反,应当是他本人什么样,就应该什么样。

如果将这一点适用于当前美国人所呼吁的应当将公正作为美国社会秩序核心原则这一主张,其意义便会彰显出来。对于这种需求或呼吁,可以做两种不同形式的表达。当我们从客观意义上叙述公平正义时,其意义在于,任何人都应为公平正义服务,或者被其服务。我们希望社会中的所有人都能公平地获得生活的满足感。

人人都应获得公平正义。应当让每个人享受到公平正义。在这种关系中,人是消极被动的,是社会秩序的作用对象。他们从外界承受公平正义。我认为,可以将对美国而言的公平正义,视为由美国人的个体所组成的一个抽象实体。

如果将人理解为一种精神意义上的存在,对公正的需求就会呈现出截然不同的样态。从所承担的道德义务来看,人不是依赖于社会秩序的单纯受体,而是作为负责任的、积极按照其自身理念与原则创造生活的主体。在该领域,美国精神对国民产生影响、发挥作用。也就是说,美国人本身就应热爱公平正义,其行为就应公正得体。基于此,任何一位美国人,都需要承担这一义务。这就意味着,我们判断一个人的标准,不是因为他得到了什么,而是他做了什么,特别是他内在品质是什么。我们诠释、解读一个人的基础,不是欲望之满足,而是对高贵目标的内在追求。我们感兴趣的是他作为人的内在品质。他们崇敬或在乎什么？他们的身份是什么？他们做了哪些事情？我们的问题，不在于"美国人是否享受了公平正义"，而在于"美国人是否践行了公平正义"。

现在，我充分认识到，这两种对于公平正义的表述，其实并行不悖。如果没有办法得到公平正义，对之妄谈热爱就是傻瓜的行为。没有什么比痛恨"与不公不义没有任何关系的不公不义"更超现实的了。和其他情况类似，在这种情况下，身心绝非彼此无关的两种不同事物。然而，如果单纯从外在层面来陈述公平正义的诉求——就像我们现在通常所做的那样——将引发乃至注定导致我们相关计划的无效性。除非热爱公平正义并将其作为自己的生活方式，否则人们将根本无法获得公平正义。在试图建构一个公平正义的社会的同时，如果没有培养出社会成员应具有的公平正义的品质，无疑将浪费大量的时间和精力。我们宁愿相信制度安排,也不愿意相信我们自己。我们宁愿指望外力、理由与条件来帮助实现被我们自己所忽视的工作。目前物质至上论的核心实质,便是这种态度。对一个唯物主义者而言,无论是自己的为人处世,还是对他人的看待认识,都应被视为一种"客观存在"。当我们盘算着能够得到什么,能够享有什么时,主导我们的是对躯体消极的、占有意义上的理解。但是,与此相对,或者除此之外,我们还必须以一种积极的、建设意义的精神,理解、对待我们自己以及我们的同类。我们,作为人,必须将其他同类也作为人来对待。换一种更为恰当的表达,便是我们亟须一种全新的理想主义。

那么,如果从这种说明方式出发,人的身心,抑或肉体与精神之间的有效区分,究竟何在?我以为,所谓精神,便是一个人可供推崇或鄙视的角度或根据。另外,人的肉体,则在判断究竟是该推崇还是鄙视一个人方面毫无意义。

在前者的语境下,我们通过一个人与信仰、义务、担当的关联,对其予以评价。以与此相关的方式评价一个人的品质,会导出"做得好"或"做得不好"的结论。这两个词都属于精神层面的概念。第一个词所表达的,是因为某人的品质,让我们对人的本性与有荣焉,因此大加推崇。第二个词所表达的,则是我们对于无价值或非人性行为的谴责,此类行为没有达到我们对自己所提出的要求。概言之,精神层面的考查,就是依据其为人处世的方式解读、评价一个人。所谓精神,就是依据一个人的信念对其得出的看法。

与此相对,一个没有得到他人推崇或鄙视的人,或者以与上述态度无关的方式被加以诠释的人,对我们来说,就只是一具肉体。所有科学技术——我们在过去的三百年间所学习到的一切——都可以作为用来研究人的工具。但凭借科学技术,无法对人作出推崇或鄙视的结论。它们倾向于认定人的本质就是他的躯壳。人类的行为具有物理及化学属性。至于人类生活的过程,则可以通过心理学家,特别是试图与其他领域科学家紧密合作的心理学家来进行解读。这个过程中,在所有可能要被从解读过程中清除出去的要素当中,与褒奖或谴责相关的部分,首当其冲。这是因为,心理学家们要做的事情,不是评价,而是理解。他们的理解方法,具体来说,是物质性的,而非精神性的。作为基础,思维的明晰性要求他们避免因为在调查过程中塞入了无关因素而造成混淆。因此,所有的科学一度都在从事一项无比艰难又无比绝望的思考活动。这种思考关注的不是内在层面,而是外在层面。他们不是在评价,而是在描述。这便是这些人——受此类调查追问的属性限制——所能得出也只能得出的结论。可否在这个时候插一句话,虽然看似十分矛盾,但这些科学的创建本身,难道不是当今西方世界在精神方面最为伟大的智力成就?其中,人的精神通过高度的智力努力,用相同的话语解读自身及其所处的这个世界,借助外在现象,解释内在本质。就外在目的而言,这会导致对自己的极大误读。

当一个人检视我们刚才对于肉体和精神所作的区分时,似乎会发现将自我看作一种精神存在的观点,建立在特定类型的"修辞手法"(figure of speech)基础上。这种手法像艺术家或匠人那样进行描绘刻画。而人则代表供其打磨、加工的对象和材料。正如艺术家用色彩、线条、石头、木头或语言表达自己内心的想法一样,每个人其实都是这样处理自己控制下的"一切"的。我们有胳膊有腿,有内心有大脑,真真切切。拜生养我们的社会秩序所赐,我们还有家庭乃至整个国家。同样,因为人类这个有机体,与其所处的环境存在作用与反作用的关系,即便没有积极索取,欲望、担心、激情、兴趣、渴望、退缩等仍会不期而至、不请自来。这些都是我们精神活动的可用之材。我们作为人类,应当承担为了人类目标而摇旗呐喊的任务。从中,我们能够谋求良好的个人生活,借此,我们必须建构一个无须感到汗颜的完美的人类社会。一言以蔽之,我们在自身的这个人类世界之内,同时对这个世界本身,应有所作为。在内在层面,我们的活动充满了需求与信念,这也是评价我们劳动的标准和依据。在这个领域范畴,我们作为艺术家、匠人,可以收获推崇或鄙视。在这个意义上,人获得了精神意义上的存在,得以积极地按照自己认为应该的样子创造、打磨生活。

现在,我已经充分认识到,在这个方面适用修辞手法,并非毫无困难可言。从古至今,相关修辞都让人们在肉体和心灵、自由与命运、价值与事实的关系上面临矛盾与尴尬。一个人用如此异质的两套话语体系尝试对自身加以诠释,很难不最终面临进退维谷的处境。认为人是"物质"的,可以为积极的"自我"本身所利用及改造的想法,并不像看起来那么简单。同时,这两套话语体系中的任何一个,又无法轻言放弃。对于科学来说,人就是肉体;但对苏格拉底或耶稣来说,人就是精神。从人类目标判断,人既是肉体存在,又是精神存在。接下来,我就将试图暂时规避其内在的矛盾,尝试对此前提出的精神的定义予以说明。借此,旨在让我们弄清楚,从日常的经验来看,是否可以用精神这个话语对人褒奖或谴责。

我建议,首先检验我们对亚伯拉罕·林肯的看法。很多人习惯性认为,在他身上,美国的精神伟力达到了最高境界。我们对林肯所取得的人类成就的推崇,要超过这个国家政治生活中的其他任何人。因此,我提议,建立用来测试的定义与林肯之间的联系。在反思林肯的过程中,如果发现"精神"这个词不具有任何实质有效的含义,或许应当将这个概念视为陈词滥调而放弃。但是,我也坚信,如果不用"精神"这个概念,就无法对我们所敬仰的林肯加以诠释,那么很自然,丢掉"精神"这个词,就会让其变得语义不明,这会对美国人的生活所蕴含的深层次价值抑或希望达到的更大目标构成威胁。

我们都知道,林肯当时所面对的是一场巨大的国家危机。整个联邦危在旦夕。在美国的建构过程中,一些存在显著意见分歧的地区决定联合起来作为一个国家共同生活。随后,相悖的利益与不同的信仰,让这个国家面临解体。某些地区的生活条件,促使当地人民支持蓄奴。而其他地区的人民出于自身利益及信仰的考量,则对奴隶制度大肆挞伐。两股势力相向而行,冲量之大,似乎根本没有办法将二者整合于同一政府体制中。正是在这种看似不可能的情况下,我们目睹了林肯的高贵言行。他坚决反对奴隶制,捍卫联邦制,最终在这两个领域皆大获全胜。这种丰功伟绩,也让林肯位列美国历史上最为伟大、最具权威的英雄人物。

如今,在叙述这个故事的时候,对我们而言,林肯究竟是一种精神,还是一种肉体,抑或二者兼具?我敢笃定,上述三种观点中,最后的一点才是正确的。我们认为林肯具有极强的影响力。这是一种外在的、躯体性的语言表达。我们认为林肯是一个伟大的人。这是一种内在的表达。在某些情况下,我们将其视为诸多力量中的一股。在其他情况下,我们又将其视为一个人,和其他同类共同生活,对其所处的世界共同发挥作用力。当我们适用外在或物质的话语体系时,林肯只是无数彼此相互作用、相互影响的因素之一,这些因素共同决定了客观事物的发展轨迹。在这个领域,所有相关因素都在发挥影响力,而林肯只不过是其中之一而已。枪炮、棉花、南方的气候与土壤、北方工业的发展、约翰·罗素(John Russell)、约翰·布赖特(John Bright)、日升日落、大西洋的浩瀚苍茫,所有这些因素与其他因素一道,成为最终的推动力与条件。其中,受到这些因素的影响,又对其施加反作用力的,正是林肯。现在,显而易见,讨论每个因素究竟发挥了何种影响的时候,我们所讨论的是原因力或影响力的问题。跟枪炮、棉花、气候相比,林肯所具有的影响力微乎其微。但跟当时美国的其他人物相比,林肯的影响力无疑具有主导性。然而,在任何一个方面,林肯的一生,也只不过是众多相互作用之力量催生的历史大戏中一个片段而已。

然而,如果我们考查的不是客观力量,而是内心高贵的话,那么我们所关心的问题阈就会出现根本性变化。首先,人以外的所有要素就将被排除。枪炮、棉花、气候、土壤、海洋这些因素既不具备,也不缺乏内在的高贵属性。对此,我们既不能推崇,亦不能贬损。这些因素无所谓聪慧或蠢笨、勇敢或怯懦、睿智或暴虐可言。它们仅仅是"事物"而已。对其无法适用只能用于人的推崇或贬损等话语。在这个层面,我们判断的对象,只能是林肯、布赖特、罗素及跟他们一样的人。"他们做得好吗?"我们会问。"他们是否公平、是否诚实、是否具有远见卓识、是否为人慷慨大度?"只有对人,才能提及上述问题。而在我们追问的时候,针对作为被询问对象的人,不应适用和其他对象具有共同性的物质话语,而应适用使人获得特别属性,且无法适用于人类躯体或客观世界中其他对象的话语体系。

如果我们能够区分林肯行为所导致的两种不同类型的结果,便会更为清晰地理解上述陈述。在外在的制度层面,林肯挽救了联邦。和其他因素共同作用,他解放了黑奴。在保持、重构美国政府体制方面,他更可谓居功至伟,无出其右。这便是他所取得的外在成就。但是,与此同时,林肯还取得了另外一项内在的成就。他通过对自己的塑造与完善,为周围民众的生活注入了全新的质素。在有关其内心活动的故事当中,我们最初见到的是一位粗鲁、笨拙、缺乏教养的乡村律师。但走到生命的尽头时,林肯已经让自己养成了深思熟虑、善解人意、宽厚仁慈的品性,足以让我们毫不犹豫地视之为自古以来最为伟大的精神存在。时至今日,当我们思索人性高贵的时候,当我们追问美国人的生活目标时,我们依然会将林肯作为范例和指引。从外在层面来看,林肯拯救了联邦,摧毁了奴隶制度。但是如果要充分理解他所取得的成就,我们就必须进入他自己的内心经验当中。我们必须看到,他矢志不渝地积极履行自己的理想信念。我们必须将其看作一个人,一个在解决他人无法解决的问题时同样会遭遇迷茫和挫败的人。之后,我们必须认识到,他凭借无比巨大的耐心与智慧,高瞻远瞩、手腕高超地一步步走向胜利。我坚持认为,存在两种看待林肯的进路。首先,将他视为一种客观存在、一种力量。其次,将他视为一个人、一种精神。林肯作为一种无比伟大的外在力量,拯救了整个联邦。同样,在亚伯拉罕·林肯所生活的人类历史进程中,他的出现意义重大。他所具有的"内在美",为其他人"设立了美的模板与范例"。

这种适用于林肯这位英雄身上的"内在"与"外在"

的区分,可以类似的方式适用于所有人,适用于所有组织,或者整个人类。甚至可以说,这与一切人类生活——无论是否具有英雄属性——息息相关。

如果从外部粗略考察人类生活情景,我们一般会将人看作一种生物学意义上的动物。人类具有的这方面特征,显而易见。在考察过程中,我们会发现,人类从事的都是客观外在的活动。他们饥肠辘辘。因此,必须要得到食物。同样,人类还迫切需要温饱、居所、满足、舒适、安全。为了满足上述需求,才需要制造出衣物,寻找并建立遮风避雨的居所,创建家庭、组织并维持社会生活,以对抗内外的敌人。在追溯人类这些活动的根源时,我们可以找到一长串人类以个体及群体形式,因应不断发展变化的人类环境所产生的不同需求而取得的客观成果。在这个过程中,现代社会一切机制性的随附特征纷纷得以建构。这便是我们从外表能够看到的第一印象。

但是,如果我们再次审视,与此前截然不同的第二种事实便会浮出水面。经年累月,建构当代社会秩序的人,在同一过程中,也在建构自己。他们已经被塑造为现代人。如果通过高度发达的农业、商业可以确保食品供应,那么人类本身就必须学会改变。他们必须学会如何保存本来应当马上作为食物吃掉的种子。他们必须学会如何翻地耕种、如何收割储藏、如何分配分享、如何买卖交易、如何达成合意、如何践行合约。然而,这个学习过程,既是内在的,也是外在的。这意味着人本身也在发生变化,变得更加精明,变得逐渐能够控制自身的急迫欲望,变得审时度势,变得社会化思考,这种智力层面的发展逐渐掌控了人类的处世方式。没有什么比制造衣物并穿戴、建造房屋并居住更为确定的社会化过程了。随着住宅构建、家庭组建,随着社会的建构与重构,从动物的内在或精神世界演化出了所谓人的精神。从外在的角度来看,文明的成长,简单来说,就是对外部环境的一系列应激反应;如果从内在的角度来看,则是一部人类精神世界成长完善的史诗。最初面对危险无情的世界孤立无援、能力孱弱的人类,学会了总结教训,不断调整,加强控制。人类勇于把握机会,从失败中汲取力量;人类勇于大胆尝试,研究问题,将经验上升为原则。在解决问题,甚至面对远超自己能力范围的困局时,人类依然能够锲而不舍地尝试,研究脱困的路径或办法。在这个过程中,人类在某种程度上,将智力发展、睿智慷慨、高风亮节等,发展为自己独特的品质。人类塑造了,并且在继续塑造着自己。这便是人的精神事业。人类的塑造过程,用外在的概念表述,便是我们所见到的塑造自身世界的过程。这正是同一过程的两个不同"侧面"。

在此,请允许我提醒各位读者,当我们试图区分"内在"与"外在"的时候,难道是因为我们对美国的宏伟蓝图感兴趣?难道我们旨在发现美国的目标——这个国家究竟为何而奋斗?我认为,因为在使用物质与精神概念范畴方面存在一定含混之处,为探究上述问题制造了一定的困难与阻碍。因此,我将补充如下两点简要评价,以帮助我们在讨论过程中对二者适当区分。

首先,区分人的内在与外在评价,精准表现为从形式上区分作为外在概念的"欲求"(desires)与作为内在概念的"推崇"(admirations)。当人类的冲动与外在或物质世界相关时,一般可以被较为适当地用"欲求"这个词概括。* 在这里,我们发现,人类渴望得到满足。人

---

* 我坚信,在这里,读者将会作出标注,"欲求"一词的含义仅仅是其所具有的若干含义之一。我的用意在于,"欲求"与"义务"(commitment)足以涵盖理性动机的全部范畴。总体而言,在我适用这些概念的过程中,"欲求"是指一个人希望让自己获得某种价值。与此类似,总体上,一旦投身到追求这种价值的过程中,这个人就是在"奋斗努力",而无论其与个人满足是何关系。同时应当注意到,任何时候,一个人对待任何对象的态度,可能都具有上述两种特征。例如,在男女之间的爱恋当中,欲求与奉献是两大基本要素,缺一不可,否则将无法充分表达爱的全部特质。——原注

类需要衣食住行以及人身安全得到保障。人类希望获得安乐、友善的人际关系。人类渴望备受推崇，获得其他人的良好评价与口碑。以如此种种方式手段，人类寻求满足，逃避痛苦与失落。在此基础上，如果能够用客观概念建构起一种社会蓝图，那么就一定要让所有人都能够达成所愿、让所有人的欲求都能够得到满足，作为我们的目标。一言以蔽之，任何外在或客观的蓝图中占据主导地位的目标，一定是让人获得满足。我们所谋划、努力的方向，便是尽可能地让所有人都感觉到个人幸福。

但这一社会规划，如果用内在的概念表述，用"推崇"的话语表达，就会呈现出完全不同的特质。在这个意义上，人将发现自己行为的本质，并被这些本质触动情感。个人与其他人，联合起来对抗自己的宿命，每个人都会感受到谨慎、公正、慷慨、睿智、勇气，并学会去推崇膜拜。这些人类的素质——睿智而非愚蠢、诚实而非虚伪、细腻而非粗鲁——一旦被纳入人们的视野，就会发挥极大的吸引力。我此前便介绍过布兰代斯、亚当斯以及杜威足以让别人产生的那种推崇之情。模仿这些人,如每位老师所知道的那样,属于我们在教育年青一代时必须考量的重点因素。在这个意义上,人类文学所具有的含义,只不过是对人类历程的记录而已。一直以来,其所表达的,都是对于人类精神在丑恶面前屈服退让的担心,对于人类精神与英雄之壮美与崇高结缘的高歌礼赞。我们很少会去追问:"林肯快乐吗?"但我们的确会因为他崇高的人格而感到欢欣鼓舞。质言之,人类推崇杰出,与渴求幸福一样直接、自然。我们在行为判断的过程中具有两套而非一套价值体系。我们希望所有人都能够获得幸福,并为此奋斗不息。我们同时希望全人类都具备高贵的品格。我们拥有两套人类蓝图而非一套。我们希望获得快乐。但我们同样认为有义务像一个人所应当的那样,好好活着。

其次,在为人类及社会谋划未来的过程中,我们必须牢记,内在的看法可能会让人变得积极,外在的看法可能会让人变得消极。我们对人类精神的界定是:"一个有事可做的人。"任何人都可能在做任何事情,无论跳舞、比赛、拯救国家、维持生计、攀登高峰。如此种种,对我们来说,都是精神,而不是什么其他的。当然,将人的肉体说成是消极的,也就是说"固定不变",显然是痴人说梦。身体处于连续的动态过程中。人的生命,就是外在影响与内在反应之间无休止的复杂互动链条。生命所具有的动态属性,像河水一样,沿着河床从高处流到低处。正是在这个意义上,从生物科学的角度,人类的内心其实就是时不时到处流动的理性。但如果非要说在流动过程中,这种理性做了好事还是坏事,那就是缘木求鱼了。理性,在这个意义上,从未尝试逆流而上。它仅仅像石头坠落山谷,抑或植物开出花朵那般自然。如果这种说法为真,那么我们就无法认同人类的肉体具有精神意义上的积极与主动的属性,否则,就将丧失意义,忤逆理性。肉体具有渴求、依赖的属性:他们应被视为希望被满足的人。而精神则应被视为积极寻求满足自身各种需求的人。我们希望获得肉体上的快乐。但我们希望让精神变得伟大。如果利用肉体的话语解释人类生活,充斥眼前的就应当是占有尽可能多的财富,获得尽可能大的便利和舒适,每个人都能获得满足的这种幻想。如果利用精神这种内在的话语诠释人生,我们看到的社会,将是一幅"四海皆兄弟"或"上帝之城"的梦幻图景。一方面,我们应当上天堂。另一方面,我们建构这个天堂。从肉体及精神这两点来看,二者不可偏废,更不可放弃、不可替代。不考量肉体的精神蓝图,显然只是感情用事。但不考量精神的肉体计划——这也是我们这个科技工业文明存在的最大瑕疵——注定是物质主义的。正是为了弥补上述瑕疵,美国才必须重新发现、重新建构"精神"一词的准确意涵。

希望通过前面三章内容的介绍,至少可以向读者指明,我希望通过对比肉体与欲求、终极目的与幸福等概念的方式,表达精神、理念、义务与高贵的含义。我明白区分概念的含义非常困难。自从人类在外在或物质世界中发现自己作为人,具有不同于外在或物质世界的属性,便因为自身本质的双重属性而内心备受煎熬,思维陷入混乱状态。毋庸赘言,本书的目的,绝对不在于马上解决这些难题。相反,我反对的仅仅是一种将其放置一边的肤浅而外在的思考方式。我坚持认为,在思考人及国家的时候,必须同时适用上述两套话语体系——他们是什么,以及他们得到了什么。我想努力解决的是承认上述难题,而不是轻而易举地一下子解决问题。

为了提醒大家关注这一问题,我将通过区分肉体和精神的方式,尝试诠释"美国"。对于某些读者来说,这种区分尚不堪用。在这种情况下,我建议这些读者读一读本书后记中用来清除某些普遍迷思的观点。* 在我看来,更好的选择便是立即着手对美国生活展开研究,承认这些概念范畴虽然艰深晦涩,但真理必将越辩越明。然而,相关要点,我倒是希望每位读者自行判断。无论如何,我建议,现在就开始去探求是否可以从美国人的思想及生活中发现"美国"的真意。

---

* See page 255. ——原注

第二部分

人类的悲剧

第四章

负罪感

> 那些忘记我的人只是一厢情愿。①

美国有自己的理想信念。这便是"自由"(Liberty)。而这也是我们内心至为认可的责任与义务。熟读美国的先贤著述,聆听我们的日常话语,参与你我的日常生活的人,都不能无视我们在自我表达时发出的这一最强音。如果无法从自我身上发现对自由强烈的深层次热爱,将无法弄懂人何以为人。对自由的人以及自由的生

---

① 也有中译本将这句诗译为"忘了我的人,他是失算",出自1857年11月份出版的《大西洋月刊》上刊载的《大神》(*Brahma*)一诗(也译作《梵天》),被视为作者爱默生(Ralph Waldo Emerson)最优秀的诗篇之一。

活,我们推崇备至。无论是从理论层面,还是从实践层面,我们都无比痛恨、鄙视奴役压制。因此,如果一个人试图要寻找美国的理想信念,我坚信,他必须从自由的概念开始。那么,对我们来说,自由,究竟意味着什么?

现在,我充分认识到,最开始的那段表述面临尖锐质疑。我也早就意识到,某些读者现在就开始忍不住摇头,表示无法苟同。他们会认为,我谈及的,更多是对美国理想信念的畅想,而非现实情况。换句话说,我是在用言辞构筑一个语焉不详的含混梦想,而非组成这个国家生活的实际旨趣与现实行为。"如果美国人真的热爱自由,"他们会问,"为什么还会一直推行奴隶制?"对此类事实,必须坦然面对。如果依据自由来界定我们的目标,就必须同时根据践踏自由,来界定我们的日常生活。在很多方面,我们美国人都在被外力——通过始终作用于我们的欲求与恐惧——所驱使、所引诱、所强制、所阻碍。我们并不自由。我们也没有让每一个人变得自由。

然而,我坚持,应当将自由视为我们经验中最有价值的独立要素。有什么证据证明这种自由的奉献,会让一个人随时准备为其贡献自己的一切?从这一问题出发,我们展开下面的讨论。

老话常言,观其行,知其人。我们也被教导说,事实胜于雄辩。但我同样坚信,可以依据一个人没有做到什么来对其加以评判。人类生活中经常遭遇的一个悲剧,便是无论男女,都会通过自己的行为将自己打倒在地。我们在向自己所设定的目标迈进的同时,也在给自己设置重重障碍。我们所面对的打击,不仅仅来自宿敌,来自不利的环境,还来自于我们自己的失误与过错。在获取毫无意义的知识方面耗尽心力的老学究,因为贪图享乐而在探索的路上裹足不前的酒鬼,那些说到底将成就建立在把信任自己的投资者财产挥霍殆尽之上的股市操纵者——这些人并不想变成这副样子。如果我们仅仅了解他们的行为,或许无法对其为人有深入的认识。

除非能够首先了解到一个人的目标想法,然后掌握与上述目标想法产生互动关系,并最终将其塑造成型的外力、环境,乃至思考过程——无论好坏——才能全面认识这个人。人生,本质上具有悲剧色彩。没有人是单纯的老学究、胆小鬼或投机者。或许,他意图成为与此完全不同的另外一人。要了解一个人,我们必须考察其如何面对自身失败的悲惨结局。我们所有人,都在以某种形式或程度,出演着这部悲剧。

我刚才提出的这一原则适用于个人,同样适用于国家。国家也会有自己的规划,同样也会被自己打败。因此,"美国人热爱自由"与"美国人推行奴隶制"这两种说法事实上并不矛盾。二者放到一起,恰好彰显出人类所面临的共同悲剧。后者不会否认前者。这只能告诉我们,我们对于自由的奉献是盲目的,无法一以贯之。在某些关键问题上,我们的内心会偏离方向。我们在计算过程中也会出现失误。我们并不知道自己到底在做些什么。我们犯下了本来不应该犯下的种种罪恶。

如果此言不虚,就可以从坚持抑或否认理想本身来发现自由。我们不仅可以从我们做了什么,还可以从我们没有做什么的意义上,对自由进行考证。对我而言,目前美国的国内情绪,处于某种十分异常的状态,存在非常明显的自我谴责。近些年来,我越来越强烈地感觉到我们正在放弃自己的目标。在很多方面,我们在担心自我背叛。目前,在美国的流行话语中,此类抱怨不绝于耳。毫无疑问,这里谈及的便是经济大萧条。的确,客观的灾难会动摇我们的信心。这也以令人触目惊心的方式,说明了我们在经济方面陷入的无助境地。但我要表达的经验感受,远超于此。在这个过程中,我们所遭受的不仅仅是信心的丧失,还包括自尊的沦陷。因此,这种挫败与其说是外在的,倒不如说是内在的。我们开始为自己感到羞耻。正是从这种羞耻感出发,才能更加清晰地直面我们的理想信念。正是从目标出发,才会产生上述责难。因为这些目标是自己的,我敢肯定,我们就必须面对责难。在大萧条到来之前,此类羞耻感便已悄然降临。即便目前我们所面临的外在困难让位于经济繁荣,这种羞耻感也还将如影随形。因此,我们所面临的不仅仅是物质的匮乏,还包括对于内在精神方面日益凸显的无力感。从人们不再讲原则这一事实,我们开始认识到了这一点。

如果我现在继续阐述美国某些更为显而易见的罪恶,希望读者不会对此有所误解。之所以这样,是因为我认为目前美国人的态度迫使我这样做。已经到了我们必须坦然面对自身言行的时候。请允许我简单描述此前我们犯下的三大错误,之后再讲一讲干扰、破坏我们目前行为的问题所在。除此之外,我不知道还有什么其他方式,能够确保我们获得亟须的对于自我的清晰认知。

首先,是有关宗教自由的问题。最早的定居者,将这一理念带至美洲大陆。他们亲眼目睹了欧洲大陆对于宗教的狭隘态度，并深受其害。因此，定居者希望建立一个不仅可以获得物质财富，而且可以确保所有人都能获得宗教自由的国家。现在，这里反倒复制了欧洲的悲剧。定居者及其后裔成为这里的主人之后，开始发号施令，加强控制，而在其看来，他者——一群厉害的、令人不安的少数族裔——拒绝接受自己所信奉的教义。就此而言，他们对宗教自由的热忱开始冷却崩塌。他们为所谓"异端邪说"设立刑事处罚，同时大肆采取其他镇压手段。这些人甚至将不同信仰者赶入蛮荒之地，认为这些人和此前的奴隶一样，拒绝接受社会主流价值观。借此，他们为追随而至的我们设立了一套行为规范。我们并没有发动宗教战争。我们也没有像传统国家那样公然发动残忍的迫害。然而，特别是在某些细微、琐碎、寻常的方面，否认宗教自由，开始成为美国生活中挥之不去的污点。

其次,我们对待印第安人的手段,也是一出悲剧。当我们抵达并试图占领这块土地时,发现这里早已掌握在这些奇怪的异族人手中。于是,我们通过武力从他们手中强行夺取了这片土地。即便是我们当中热爱自由的人,也很少会谈及这些异族人的自由。他们,对我们来说,不是人,而只是必须赶跑甚至消灭肉体的掠食性动物。或许这样的言辞太过强硬。近些年来,我们已经开始试图为印第安人争取公平正义,从而展现出了某种人类的同情与理解。然而,如果用自由的概念来衡量,那么,我们过往行径之残忍与错误,简直令人难以置信。所有听到自己曾经如此粗鄙残忍的人,都会像从恍惚中回过神来的醉鬼那样,辩称做这件事的时候,"我并不是我自己"。

同样惨遭我们毒手的,还有黑人。他们并不是像我们一样的定居者。我们使用武力强行将黑人带到这里。早期,美国人因为要开辟种植园,急需这样的劳动力。

但他们所需要的是下等人,是处于较低社会阶层的劣等民族。因此,他们前往非洲,将黑人从家中强行拖出来,或骗或买,像牲口一样装船运到这里,迫使他们像牲口一样劳作。在善男信女满口都是人类自由的时代,黑人在其眼中依旧根本称不上是人。黑人没有权利,也不需要自由。他们仅仅是奴隶,属于我们的奴隶。美国内战,的确,从法律层面宣告了奴隶制死刑。我们也的确冠冕堂皇地谴责了自身曾经犯下的罪恶。但罪与恶依旧亡灵不死。通过将这两类异族人放在一起,我们这些笃信自由的人,将数百万的人置于一种矛盾的境遇,我们享受自由,却持续、残忍地否认其他人应当享有自由。这就是我们所做的一切。我们对此应当负责。这些人并没有哭着喊着要来。我们在违反其本意的情况下强行将他们带到这里。我们应该想办法和他们一道,努力纠正错误。我们的任务应该是建构起一整套社会体系,并确保这些人的自由,能够像我们的自由一样,得到普遍承认与维持。在很大程度上,到目前为止这项工作依然没有完成。

但是,近些时候,刚刚经历的世界大战给我们敲响了警钟,提醒我们需要重新检视自己。大战来临之前,我们美国人一直认为,自己的祖国具有和欧洲不同的道德本质。我们拒绝与其同流合污的那个旧世界,堪称邪恶,哪怕这一论断存在含混之处。欧洲依然没有摆脱远古以来便如影随形的错误与罪恶。那里的人们渴望自由,但从未达成所愿。美国与此不同。我们一直都认为,也推定他人认为,人类公正、平等、自由的理念,皆是我们的一种独特属性。我们就是世界的希望。现在,轮到欧洲从我们这里学习,依靠我们帮助,践行《独立宣言》中的原则与实践。但梦想很快便化为泡影!和平的实现手段,却放纵了那些将要摧毁和平与自由的邪恶力量。我们通过解除德国的武装,同时武装其敌国的方式,换取欧洲的和平。我们深思熟虑,盘算着这些国家为将来再次发动战争而各自需要如何备战。在这种算计的过程中,我们发现,处于安全、富庶状态的美国,为自己进行了格外周密的筹划。美国与欧洲各国存在的道德差异性,以某种奇异的形式消失殆尽。而这种消失所造成的震撼,深深蚕食着我们的自尊。

让这种羞辱感雪上加霜的,便是看到其他人占据了本来应归属于我们的领袖位置。长期以来,美国被看成各国表率,而俄国则被视为反面典型。后者一直被认为占据末席。但就是这个还停留在茹毛饮血阶段,最为专制且极其落后的欧洲国家,突然一下子屹立潮头,成为先锋。以一种和我们的富庶形成鲜明对比的贫困状态,以一种和我们的自由形成鲜明对比的农奴制,俄国突然开始积极鼓吹应将公平自由作为统治人类社会的驱动力。我在这里,既不明言,亦不否认,俄国的做法相当明智。当然,我也不是说美国应当效仿俄国突破其内在的社会野蛮属性。相反,我深信,在两个完全不同的国家,即便实质相同的目标,也需要完全不同的计划。然而,无论如何,一个非常简单明确的事实便是,不管俄国的做法是否正确,但这个国家现在牢牢占据着本来应当属于美国的位置。俄国决定大胆尝试,而我们还在故步自封。我们龟缩不前时,他们在阔步向前。俄国梦想摆脱长期以来的暴政与绝望,因此,是对俄国而不是对美国而言,这个世界上的悲惨与压迫局面正在发生逆转。

此前,我曾谈及从战争经验中获得的幻灭感。但随后的"和平时期"获得的感觉,也多少令人感到不安。在日常生活中的几乎每个节点,总是会出现令人揪心的被出卖的感觉。例如,各方围绕"宪法第十八修正案"的攻防,最终演变为一场肮脏且令人感到沮丧的争论。我们亲眼目睹这个国家很多所谓"高素质的民众",以"自由"的名义纠集在一起,实施的尽是些耍花招、找借口的阴谋。汹涌而来的犯罪狂潮更是将我们惊得目瞪口呆。一个世纪以来,犯罪分子开始公然践踏法律,对我们发动悍然袭击,面对他们的穷凶极恶,我们几乎处于孤立无援的境地。但在他们对我们造成的客观危害背后,深藏着某种令人恐惧的存在,因为这群不法之徒,在某种程度上,切切实实是我们一手创造出来的,就是我们自己的化身。换言之,他们身上体现的,其实是我们无法无天的态度。我们都知道,帮派分子与私酒贩子跟我们选出的那些政客们关系密切。而政治,同样与生意之间关系密切。因为我们当中股票证券的持有者越来越多,导致大部分人都被牵扯到这个充满推定与隐喻的"网络"当中。借由上述关联,目前,美国公共生活中没有什么不被质疑。难道说,作为最后的手段,自由真的意味着每个人自行其是?这就是我们所说的"自由依靠直觉"?穷凶极恶、违法犯罪的歹徒与被律师竭力保护起来的幕后主使之间,真的没有任何区分吗?

毫无疑问,我认为,我们内心的疑问正在与日俱增。我们目前的话语,正在相当程度地受到相关质疑的污染。很多人都在质疑,我们应该让孩子学会什么样的生活方式?我们自己可以忍受迫不得已的压力,继续过现在这样的日子。但如果说我们要为下一代的生活设定蓝图,坦然面对自己,就变得十分困难。在为下一代谋划未来时,我们必须更为鲜活地感知我们是谁,我们做了什么。在结束对我们自身的最初观察前,可否允许我再列举一项经验,借由其所具有的外在性——在我看来——非常深入地触及确保我们人类自尊这一问题?

人在战争期间,有了一项全新的经验,即通过"宣传"奴役人的新手段。人们亲眼目睹了"事实陈述",不仅可被用来描绘现状,还可被用来让受众变得有用及可用。"让人们相信这个而不是那个,符合我们的利益,"他们表示,"下一步的问题便是如何人为制造信念,如何判断并改变信念,从而让其服务于我们的目的。"对此问题的回答,表现为诸如战时宣传鼓动与和平时期的推销技巧等规模浩大且结构精密的精神操纵。战时,担心战败的政府,想方设法激发民众的愤怒,确保战争得以坚持下去。英国的年轻人听到了大量谎言,或者实质等同于谎言的半真半假的叙述。遭遇类似局面的,还包括法国、德国、土耳其、奥地利、俄国以及意大利的年轻人,当然最终也包括我们美国的青年。各国的年轻人都因为受到事实的操纵,彼此充满了仇恨、偏见以及恐惧,认为杀死自己国家的敌人理所应当。一个人在被提供枪支、刺刀与手雷的同时,也被提供了信仰。交战双方的行径如出一辙。只不过一方最终获胜,一方则吞下失败的苦果。但和双方同样遭遇到的道德意义上的挫败相比,外部的胜败显得微不足道。

以商品销售形式体现出来的宣传攻势的效果,同样令人叹为观止。我认为,在一个自由的社会,没有什么美德要比讲真话来得更深刻。从最为实质的层面判断,人类联系取决于且表现为交流沟通。因此,如果完全不能相信彼此所说或所写,社会结构必将轰然垮塌。如果撒谎,我们就丧失了人类伙伴关系中所依赖的唯一纽带。只要谎言依然肆虐,人类社会将不复存在。必须牢记,真正的罪恶并不是表述形式的不真实。谎言重复多了,就变成了真实。戕害人类同情心与合作情感的谎言,表面上看服务于听者,但其核心动机和目的却是服务于说者的利益。这就会让人感觉到,当我们在为他服务时,其实目的是想让他为我们服务。因此,相关谎言的内容,与"事实"无关,而与我们自身相关。这就意味着,当我们试图"出卖"自己的祖国、自己的党派、自己的教会、自己的商品、自己的家庭、自己的朋友时,我们在同时试图摧毁国家、政党、教会、家庭、朋友的存在所必需的整个人际关系体系。我们摧毁的,是彼此的互信与尊重。一旦这个过程走到最后——只要其走到最后——人类的生活将丧失作为人的最终属性。不再有什么美德可言,也没有什么顾忌可言,没有"什么不可去做",原则让位于需要,义务让位于冲动,人类生活将变成一盘散沙。人也将丧失继续存活的价值。

正是从我们周围、我们身上、我们体内缓慢滋生的这种虚妄当中,我看到了美国,乃至所有现代工业国家的希望。我希望强调的是,与其说这是我们所犯下的错误,不如说这是我们的第一感受或反映。对于所做的一切,我们不甚自在。对于现状,我们不甚满意。我们发现,自己随波逐流,十分不明智地从事了很多令自己反感甚至恐惧的行为。从北到南,美国各地的人民聚到一起,尝试理解让我们感觉到威胁的这种恐怖存在。正是在这种抗争和追问的过程中,我看到了在深处静静流淌着的对于自由的热爱存在乃至发挥作用的证据。

接下来,便是我们在发现美国精神的过程中所迈出的第一步——向后的一步。我们是有罪的。我们在为自由服务的同时,又将其毁灭殆尽。但我们内心依然保有可以据此重建美国的某种基础性存在。这便是我们自身的负罪感。这便是我们的不满足感。同样,我们自身也没有被满足。我们自身便是失败的核心所在。但我们也是这种失败的感知者。如果我们说自身是虚妄的,那么这种不安感便是赋予上述陈述以意义的由来。当我们谴责自己的时候,其实是在对比我们的现实状态与应然状态。一言以蔽之,即便非常间接,十分含混,我们还是认识到了自己未曾诚实以对的内心目标。我们需要做的便是在日常生活中发现、澄清、论说、践行这些内在目标。这些目标,现在正盲目而消极地重返我们关注的前提——这些目的究竟为何?美国人真正在乎的是什么?美国人对人或社会的积极理想,究竟是什么?

第三部分

自由的含义

第五章

自由乃是人之自由

匹夫不自律,安敢称自由。①

毋庸讳言,试图厘清自由的含义,实属不易。而困难的根源,在于自由的概念本身并不完整。而这仅仅是理念的一个部分,含义的一个片段而已。当谈及人必须自由的时候,我们的思维其实停留在了句子的中间。"人应当自由地"这句话,同样让我们悬在半空,等待下文分解。只有在把句子说完整之后,我们才能发现其到

---

① 出自克劳狄一世,即罗马皇帝提贝里乌斯·克劳狄乌斯·德鲁苏斯·尼禄·日耳曼尼库斯(Tiberius Claudius Drusus Nero Germanicus,前10—公元54),常译作克劳狄乌斯、克劳狄,公元41—54年在位。

底要求的是什么。在话没有说完的情况下,自由原则只是一种极具危险性的半吊子真理而已。接下来,到底要增添什么内容,才能让句子变得完整呢?人必须自由去成为什么?应当自由地做何事?

这里,必须马上指出,我们如果不从历史典籍中寻找线索,显然无法作答。诉诸权威,无法让我们厘清真相。没有哪个人,或者哪份文件,可以为我们划定必须遵守的原则范围。如果我们拜读的是杰斐逊、麦迪逊、霍姆斯或比尔德的著作,那么就不仅要问他们说了什么,还要去问及他们试图表达什么,本来应该表达的是什么。他们所有人,和我们一样,都在试图解读自己从未充分理解的事物。这种论断对于文本来说,同样适用。当我们诵读美国《宪法》或《联邦党人文集》时,绝对不会断言:"这便是美国未来的发展目标。"更加准确的可能是,建国之父们,对自己想要的,或者我们应当秉持的奋斗目标,并不比我们更清楚。和我们一样,除了信奉的原则,他们也会紧张、恐惧。在为日常生活规划蓝图时,其中掺杂的被称为自由的某种存在,激发他们充满豪情、无私奉献,并将自由作为自己为之奋斗的主要目标。因此,他们意识到自己需要面临两大任务。首先,他们必须厘定何谓自由;其次,他们必须考查,在真实且变化着的条件下如何实现自己的目标。我们作为后来者,需要在日常生活中践行与此相同的两大任务。热爱自由的我们,必须试图对其予以理解,加以落实。

相关方法中,还有值得注意的一点。当人发自内心表达对自由的热爱时,他们所说的并不是盲目的渴求或激情的欲望。"不自由,毋宁死",这句话的确饱含激情。但在一个急剧变化的国家中,如果以之作为日益复杂的生活的指南,显然不够冷静和理性。生活,如果缺少激情,明显毫无价值可言。但生活,如果缺乏理性,则只能用愚蠢形容,注定弄巧成拙。无论何种人类情境,越让人感觉刺激鲜活,就越需要冷静研讨。理想信念绝非内心的一时冲动。相反,它是一种内心确信,一种理性判断,需要理智地根植于人所遭遇的经验,并从中获得正当性。接下来要询问的问题就变成了,我们美国人是否充满理性,并且饱含激情地认为,我们的感性及理性倾向于捍卫自由?

我认为,对于自由的渴望,存在下列六项非常显著的全美共识。我们一直致力于在这个国家建构信仰自由、思想自由、表达自由、集会自由、普选制以及全民教育。当我们骄傲地向这些原则迈进时,内心充满了对在这片土地上成就自由的推崇与渴望。而且,因为背离了这些原则,我们会惭愧蒙羞而低下头颅。我们可以从中发现对美国精神最为真切的表达。只要我们能够理解这一点,就会明白"美国"究竟是什么。

现在,与上述六个目标有关的重点事实在于,其相关含义是内化的。它们主要针对的是个人乃至国家本身,而不是单纯的客观成就。它们所围绕的问题,始终是"在美国生活的究竟是些什么人:我们的国民生活质量究竟是高还是低?"它们所探寻的并不是"我们将要得到什么",而是"我们将要变成什么"。这当然包括相关原则的客观意义。在没有将特定行为放在与其相关的外部情状这一语境下考量时,显然无法理解该行为的内在属性。和一直以来的情况类似,身心并非截然不同的两种存在。它们只是一个人的不同面向。核心要点在于,当问及理想信念时,涉及的主要还是内在含义。但目前我们的思维方式中挥之不去的问题在于,我们经常混淆外在与内在两种不同的概念,甚至直接用前者取代后者。在充分认识到上述难点的基础上,我将在下面进一步考查美国国家精神得以立足的六大原则。

第一便是信仰自由。我们的先人远渡重洋的同时,这种需求便随之跨海而来。时至今日,信仰自由,依然是我们最为珍惜的理想之一。对于我们当中的很多人来说,时不时就会遭遇由无神论取代有神论的情况。我们的传统信念经历过诸多改变,屡次遭到否定。即便如此,信仰自由原则依然表达着我们最为充满激情的内心确信。我们认为,不能介入人试图与周围的宇宙建立某种联系的努力之中。或许我们可以告诉一个人如何去买卖交易。这样做有何不可?但没有人,或者特定群体,可以告诉其他人必须要有信仰以及必须信仰什么,或者违背当事人的意愿禁止其秉持特定信仰。这种经验,我们认为不应受到规制。那么,如此内心确信的基础或理由,又是什么?

在这一点上,"追求实效的"人所拿出的注重实效的理由,由于一贯不准确,因此注定会失去焦点。我们被告知,妨碍宗教自由得不偿失,因为如果这样做,人们就会反叛,就会诉诸暴力,就会破坏国家的和平与秩序。换句话说,我们允许个人享有宗教自由,不是因为其应该享有这种自由,或者说,我们应该享有这种自由,而是因为我们迫于环境不得不这样做,因为如果我们拒绝这样做,就没有办法达成我们内心渴望的其他诉求。我们为了达成其他方面的旨趣,最终诉诸宗教。这种自相矛盾的观点是何等诡异!在揭示自己有意无视的动机时是如何一针见血!如果我们寻求的是按照这种解释推导出来的自由精神,肯定会有所发现。但不是从那些因此不情不愿地同意不干涉宗教自由者的态度里发现,而是从面对恐惧、危险乃至剥夺,依然拒绝屈从干涉的远见卓识者,从无论需要付出何种客观代价依然主张宗教自由的坚定信仰者身上,有所发现。

所有能够发自内心感受到宗教需要的迫切性及美感的人,都会认识到,对于人类理想信念而言,外在的正当性意义可谓微乎其微。自由归属于信仰,因为说到底,如果不自由,信仰又有何意义?淫威之下,没有人会存在真正意义上的信仰。信仰不是相对冲动而言的恐惧、欲求抑或服从,而是一种崇敬与爱慕。基于这种至高经验,任何人都只能报以理所应当的崇高敬意,同时感同身受,直至自己也能够觅得崇敬爱慕的类似目标。在宗教语境下,我们必须认识到,如果人类的精神不自由,那么人就无法作为人而存在。我们虽然可以从肉体意义上毁灭一个人,但无法从精神层面让其就范。

第二是思想自由。尽管存在诸多不甚明确之处,但我们依然满怀激情地支持、捍卫这一原则。一个人的内心,我们说,一定是专属其本人的。显然一个人可以找到自己的信仰并一以贯之,或有所改变,这完全由其自行决定。没有其他人可以告诉你必须信什么,或者绝对不能信什么。此类态度背后,隐藏着何种理由呢?我们如何能够为自己找到正当化的理由呢?

显然,作为权宜之计的片面的外在归因,容易隐藏甚至取代其背后的内在需要。我们曾被告知,自由人在从事农业乃至工业活动时,要比奴隶更有效率。如果允许自主思考,在这个世界当中,人显然要比不会自主思考的机器人更能令人满意地从事商业活动。自由人,可以制造质量更好的鞋子,种植品质更好的作物,总体上,一定会比我们可以在市场上买卖的人类工具——奴隶——更有可能成为行家里手。针对宗教,还有人经常会谈到反叛的问题。我们被告知,美国人绝对不会任由他人干涉自己的信仰。但或者反之更好。我们的"领导人",认为只有在依赖忠诚、服从、守法的臣民的情况下,才有可能为我们建构一个更为宏大、更为幸福、更为富庶的国家。但是人类的此种非理性——即便存在外在性的承诺,依然不希望充当快乐的奴隶——如果是正确的,那么只要人是理性的,再一味坚持什么所谓更好的计划,显然得不偿失。这便是我们支持思想自由的"实际"理由。我们对此并不十分笃定。热爱效率的人们现在发现,思想自由的信徒,并不太好主宰或调用,还是奴隶更听使唤。因此,从实际层面出发,在当今世界,自由正面临有力挑战。或许,这根本就行不通。或许,我们这些强有力的人可以搁置自由,掌控整个国家,让每个人开心,根本无须考量你我是否愿意这样做。

但是,和这些与思想自由相关的欲言又止、缺乏确定性的半吊子论调相比,内在的合理性,却与其试图诠释的激情一样,坚定、有力、明晰且不容辩驳。基于推崇或鄙视的话语,人们才可认知自己的内心。人类有义务持续明确地进行思考。但这并不适用于自认为聪明的蠢人。只要是人,就不能不去了解自己的内心,去掌控自己的心灵,唯此,才能够过上一个人应该过上的生活。聪明可敬,愚笨可憎。如果一个人有机会让自己变得聪明、一贯、知性、准确,但依然蜕变至沉默、麻木、邋遢及缺乏思考的状态,这个人就没有办法继续被称为人,没有办法实质上发挥人的功能。社会规范,同样可能让人在本该保持明智的时候变得无知,让人在本该洞察世事的时候变得昏聩不堪。因为摧毁了人类精神,所以社会规范该遭到谴责与鄙视。无论作为个体还是整体,人都需要努力获得此般智慧。正是在与此相关的高度义务中,产生出人类对于思想自由的迫切需要。思考的过程,和信仰一样,无法通过强制的方式完成。之所以强调相对于内心而言,自由十分重要,就在于其让我们意识到,所谓为我们提供更好的衣食住行,只是在颠倒黑白、混淆视听。对于自由的激情,其力量在于让我们渴望成为更好的人,要求我们不能在使用心智方面遭人谴责。

第三、第四分别是表达自由与集会自由。我之所以将这两个词并列使用——尽管二者形式不同——理由在于二者都跟让人从合作的角度思考并分享智慧等问题相关。没有人能够质疑我们人类在此领域争取自由的传统。那么,为什么我们要对之如此牵肠挂肚呢?

对此问题的解答,我认为,恰好完全符合个人思想自由的要求。二者唯一的不同,可能仅仅在于是一群人并肩战斗还是个人单打独斗。立足于现实层面的论断,你来我往,结果同样存疑且无法确定。我们被告知,公共事务，只有在公开讨论、争取共识、减少分歧的情况下，才能够变得更为有效。如果能够让民众畅所欲言，并且获得有关方面的聆听，就会放松限制，达成妥协，少数派就会接受多数派作出的决定。这便是鼓吹接受言论、媒体乃至集会自由的外在视角论证。毫无疑问，在面对压力与限制的过程中，这种声音也将销声匿迹。

当面对个人及群体的内心生活时，这种解释的单薄乏力就会显露无遗。我们能够感觉到，热爱公共自由的人在争取这种自由时所表现出来的坚定不移的激情与毫不妥协的奉献精神。我们说，人类珍视个人内心的正直。同样，无独有偶，人类还珍视在思想方面的合作以及共同探究时的协作。在公共领域，每个人应平等相待。每个人，如果参与这场游戏，都应当尊重其他参与者。无论意见是否相同，每个人都应该予以反思，并在认为其值得人类尊重的情况下坚决捍卫。无论能力大小，个人一旦参与到寻求共识的队伍中，就已经从奴隶阶层跃升出来,与自由人为伍,接受自由所带来的机会与义务。因为承认人的价值与尊严,公共讨论的自由最终演变为我们最为推崇也最为珍视的精神财富。人类对之珍爱有加,自不待言。只有不明白公共思考为何物的人,才会拒绝接受。

第五是普选制,属于政治民主的范畴。这一概念生动有力地表达了我们这个国家对自由的热爱,因为它旨在赋予所有正常的成年人平等参与公共政策制定的机会。那么,作为普选根据的热爱与信念,究竟是什么?

说到外部效率,这显然是会让一个所谓民主的政府感到头疼的棘手问题。其对于利弊得失的权衡,往往让我们进退失据、无所适从。作为行政管理的形式之一,这种民有、民治的政府所凸显的庞杂无序、责任不明,让很多讲求实际的人因其低下的效率连连摇头。但与此相对的是,这种政府形式也具有某种外在优势。认为人应当享有信仰自由、思想自由、表达自由的外在论据,依然适用于选举自由。除此之外,存在一种高度存疑、自相矛盾的观点,即认为只有代表所有人,才能够确保所有人的利益得到公平对待。基于这样或那样类似的论调,我们为普选制提供了一种摇摇欲坠的急就章式的根据。近些年来,我们发现,面临考验时,这些推断都无法经受国际斗争或工业革命所带来的压力。如果这就是我们能够为其所提供的正当性的全部内容,民主势必走向灭亡。

但从内在层面来看,支持普选制的声音显得完全不同。可以从中发现某种确定性,也可以从中发现人类其实拒绝妥协。人类,赌上了自己的一切,故而矢志不渝。人们宁可输掉自己的财富乃至生命,也不愿意充当毫无价值的奴隶。

从我们自身历史的发展过程来看,我认为这种内在需求的含义,在赋予女性普选权的时候,体现得最为明显。我并不认为美国政府采取过具有类似精神意义的其他行为,甚至解放奴隶都不能与此等量齐观。原因何在?我同样认为,各种权宜之计的论断无足轻重且不能服人。可以肯定,这些论调都没有表现出这一措施所承载的奉献精神与热忱确信。我们被告知,争取普选的女性,通过令人生厌的伎俩和手腕,大搞持久战,最终迫使相关立法获得通过。这或许可以解释干扰战术对于男性而言的确奏效,却很难解释为什么对女性而言,这个问题在她们的生活中具有如此重要的价值或意义。女性为何渴求选举权?是因为能够借此有效提升政府效率?如果是这样,让选民倍增,显然不会让效率的提升变得更为可期。她们所为之奋斗的人类价值,要更加深入而真实。对她们而言,这是一场反抗人类奴役的革命。她们决心打破这种外加的习俗与思维惯式——一直以来,女性都被排斥在人类这一最为丰富的精神经验之外。就此而言,在其对女性生活能够发挥的影响力中,可能取得的精神收益将会极大。要求女性面对人类可能遭遇的全部社会问题及承担的全部义务,对她们来说,就必须获得其丈夫或兄弟职业生涯上的一切机会。凭借这种方式,女性做回了自己,向终结长期以来自己所遭受的精神凌辱迈出了坚实的一步。在过去的日子里,这个社会极大侮辱了这些女性成员的人格。无论作为管理体制具有何种优长短缺,政治民主都具有一项决定性的优势,即能够让社会中所有成员就自己的现状及未来的可能发展,作出共同判断。民主体制下,不分男女,都被视为人而不是物来对待——是作为自由人的男女,而非奴隶或者仆人。这就要求他们对自由所带来的机会与义务及时作出反应,成为自己能够成为的那个自己。

第六个要讨论的便是全民教育的问题。在这个方面,美国人对于民主含义的理解,可能最为深切。在孩子的教育方面,我们认为自己领先于任何国家。我们认定,所有青年都应当享有充分的免费教育。如此信念,意味何在？

可能会有人告诉我们，设立学校的主要目的，是为了让年轻人做好未来就职的准备，确保在工厂或办公室，在商店或驾驶舱，都能觅得用武之地。我们的计划，便是让孩子们准备好从事这些工作。否认这种实用主义解读的有效性，显然不可取。毫无疑问，应当让年轻人接受训练，以人尽其才。但探讨仅仅止步于此，则完全忽视了美国试图从其自身未来角度出发，为人所创立的精神活动脉络。美国国民教育的核心推动力，在我们看来，源自每位年轻人都应该有机会成为聪慧、睿智、慷慨之人这一通途。每位年轻人，都应有自己要过的生活、要实现的人格。每位年轻人，都应承担精神上的机会与义务。如果一个人在职业生涯的尽头，发现自己没有什么可供他人推崇，显然是个人的失败，也是我们全民的失败。因此，在一个人年轻时，如果没有做好从事高尚事业的准备，我们就必须让他做好准备。我们必须负责照顾好年轻人的身体;我们必须保证年轻人的健康与成长;我们必须保障其免受敌意的影响;我们必须发展其心智,使之变得热忱、睿智、勤奋、积极;我们必须确保他在每个方面都做好准备。从这种需求判断,我们目前的教育实践依然非常缺乏完善的教育民主计划。在这种精神意义上的任务设置方面,我们的公立教育依然处于十分原始的初级阶段。但至少我们已经充分认识到教育背后的推动力,应当贯彻精神方面的考量。我们的目标在于,所有美国人都应过上自己的精神生活,而每个人所从事的活动,都值得他人推崇。

在本章,我主要强调,单纯从外在客观的话语评价,无法很好理解美国人对自由的热爱。只有将美国的国家传统视为一种理想信念,一种精神上站得住脚且宝贵的存在,我们才能理解自己的本质,以及自己的意图。这并不是说理想信念和市场经济活动没有任何必然联系。对此误解,我将在后文详述。但从目前的角度来看，我希望表述的是，无论关系多么密切，生命的内在或精神方面与外在或客观方面都不能完全等同。如果想要理解自己，就必须干脆利落地对其加以区分。在此基础上，我们可以公开承认美国人在商品买卖方面投入了太多精力，但这并不意味着我们作为人的本质就是单纯的交易者。在不断被推动的人生中，我们虽然受制于欲求与恐惧，但对于自由的热爱依然没有减退。我们的核心问题，并不是"我们所买卖的物品的外部价值是什么"，而是"在交易人类所拥有的财物时，我们变成了什么样的人"。在《独立宣言》及《宪法》中表达的人性理念，从未离我们而去，即便埋头于外部事物，对于这些理念的解读也不曾模糊暗淡。我们推崇人性的自由活动本身所具有的宏大属性。我们同样承认，人类世界的核心事实之一，便是人不仅应当享受安逸、富庶或幸福的生活，而且应当受到尊重。我们所知道的自由，并不是天上掉下来的礼物，更不是一种亘古不变的财富，而是一个人、一个国家,乃至我们人类生活的特质。生而自由,是我们一切努力的首要目标。其他目标,无论眼下的利益多重大,都应当退居次席。当且仅当美国人民获得精神自由的时候,这个国家才能够取得成功。但到目前为止,美国还不了解什么是自由,反而拜错了上帝。正因如此,我提出,我们的当务之急,是在自由得以适当表达的范围内,重新审视其所具有的精神意涵。对此,我认为除了再次仔细品味"宪法第一修正案",没有其他更好的切入点。

第六章

自由绝非物之自由

他的自由对大家都是个威胁——
对你自己,对我,无论对哪一位。①

我一直认为,在美国人的生活秩序中,自由原则禁

---

① 译文参考了〔英〕莎士比亚:《莎士比亚悲剧四种》,卞之琳译,人民文学出版社 1988 年版,第 123 页。值得一提的是,莎士比亚的作品国内汉译版本众多,相较之下,坊间口碑最好,同时也与本书主旨最为接近的是卞之琳译本。相较之下,朱生豪等人的译本对于本句台词的翻译,"放任他这样胡作非为,对于你、对于我、对于每一个人,都是极大的威胁",对于原文中的"liberty"进行了意译,显然无法满足本文对于"自由"的强调,故不采,特此说明。

止他人对我们所从事的特定行为横加干涉。但同样非常清楚的是,这一原则也要求我们不得干预他人的活动。在界定自由时,我们遭遇的主要难题,无论是从理论还是从实践出发,都是区分上述两种人类活动。接下来,我们面对的主要问题便是:"自由原则究竟应该适用于何种人类活动?在哪些实践中,我们的要求荒谬可笑,与堪称完美的社会政策背道而驰?"

在这一点上,我们所遭遇的,堪称美国国民性格中最奇怪的异质性。在过去的三百年间,很多美国人逐渐认识到,我们所钟爱的自由,就是不受阻碍地买卖交易的自由。近些年,大量政治人物乃至学者开始为我们解读美国精神。可以简短概括其得出的结论:从生活的角度出发,美国人所崇尚甚至愿意为之赴汤蹈火的自由——这些人告诉我们——是不受干涉地处理个人财产的自由。也就是说,将精神自由与交易自由等量齐观。

现在，主要为了将这种对美国精神的荒谬诠释所具有的悲剧性疏漏公之于众，我试图区分精神与肉体的关系。只有彻底混淆二者关系的人，才会对这个国家或国民的精神产生上述误读。这种误读，诚如所见，与其所解读的国人意愿明显矛盾，只有从解读者观点的偏颇怪异角度才能理解。而这些解读者的内心存在某种疏漏之处，他们的某些根本性理念存在谬误。他们的胡言乱语，被罩上了言之成理的面纱。下面，请允许我再次重拾美国的民主传统，再次强调精神与肉体之间的区分，希望借此在理解自身的过程中，重新赢回我们迫切需要的理智与明晰。

对比《宪法》中两个我们耳熟能详的条款，就可清楚说明我心里所要强调的这种区分。《权利法案》中共有两处谈及"自由"（liberties），但谈法却大相径庭。其中之一宣称不受政府的干涉或控制，而后者则显然被故意放置在政府控制或干涉之下。《宪法》所使用的"自由"一词,涵盖两种意义完全不同的自由概念。而二者之间存在的区分,恰恰就是我希望引发各位关注的重点。

"宪法第一修正案"规定如下:

"国会不得制定关于下列事项的法律:确立国教或禁止信教自由;剥夺言论自由或出版自由;或剥夺人民和平集会和向政府请愿申冤的权利。"

与其同时获得通过的"宪法第五修正案",相关部分内容规定如下:

任何人"不经正当法律程序,不得被剥夺生命、自由或财产。不给予公平赔偿,私有财产不得充作公用"。

对于目前所讨论的问题而言,上述规定的意义在于,我们所建构的两套人类利益之间存在明显冲突。我们试图在界定自由的过程中,截然区分可适当限制或阻碍的活动,以及被我们判断为不能进行干涉的自由。之前引用的美国宪法修正案,用明白无误的文字告诉我们,在政府架构中,这种区分究竟是什么。一方面,美国国会并未触及宗教、言论及出版、集会、示威等问题。这些都属于绝对自由。另一方面,生命自由与财产自由,则受到美国国会的规范与限制,在正当、适宜地行使权力的情况下,可以被剥夺。我们的立法机构被禁止——它们自己禁止自己——插手人的宗教信仰问题,但可以基于法律意义上的正当程序原则,剥夺人的生命。没有任何有权机构——无论是公权还是私权——可以妨碍公民的言论自由。但从公共福祉角度出发,可以限制或控制一个人的身体自由以及行动自由。不受干涉的出版自由,是我们这个文明的最高理念之一——联邦政府不得以任何其他目的予以限制或轻视。但是,规范、限制财物的所有及管理,却成为一切既存统治机构主要关注的职能。从《宪法》设立的宗旨来看,政府部门在此方面作出的限制或束缚有违我们的理想信念,缺乏适当性及正当性。

如果上述论述成立,那么这种对人的利益的区分,便是适当理解美国的自由所需要的立足点。在宗教、言论、出版、集会、示威等问题上,政府方面所面对的人类行为,都超越了其能够规范的权力范围。相反,政府是这些人类行为的奴仆,应当向之效忠。在与上述活动的关系中,政府方面能够采取的唯一合法活动,便是确保其免受干涉,确保没有任何机构,不论其公私属性,可以对之加以控制。法律的规定十分明确,"国会不得制定关于下列事项的法律:禁止……剥夺……"

但是,在其他有关外在或客观的财产、意图乃至行动的领域,却出现了完全不同的戒律。在此方面,美国政府所说的实际上是:"人渴望生命;希望获得外在行为的自由;努力争取占有财产。没有任何政府允许个人在不受限制或控制的情况下,追求这种多元且彼此冲突的主观意欲。然而,政府在实施上述控制的时候,应当秉持公正立场,充分考量所有人的利益,作出的决定应当得到所有受相关决定影响者的尊重和信任。"和第一种情况下"国会不得制定关于下列事项的法律"相对,法律在第二种情况下规定了"不经正当法律程序"。这两种表述告诉我们,一方面是相关机制规定人应当享有自由的精神活动领域,另一方面则是人应当受到规范限制的客观活动领域。

这样一来,上述两种自由,一种获得了首肯,另外一种则受制于我们的政府,未得到无条件承认。人享有信仰或者不信仰宗教的自由,但根据法律,却并不享有管理自己财产的自由。那些认定《宪法》保障人们外部行为自由的论调,显然混淆了两类不同的自由范围。我并不喜欢"一厢情愿"这类说法,但如果可以,其显然对此适用。美国人的内心,从欲求的角度而言,十分倾向于在经济活动中强调自由竞争。过去的三个世纪,我们一直忙于争夺这个新兴的国家以及这个国家新兴工业当中的资源与机会。基于这些外在的行为,基于时不时与此伴生的狂热心态,美国人逐渐发展出一种习惯性的信念、一种便宜行事的判断,以确保财富的获取及分配得以顺畅进行。但上述确信及冲动并不是我们对自由的内心热爱。它所表达的是一种欲望,而非崇敬;是一种权宜之计,而非坚定的原则。对它所具有的能量,似乎无人可以质疑;但对它应具有的意涵,却应该可以挑战。如果是这样的话,我本人认为,《宪法》的保障堪称明确无误。"宪法第五修正案"及"宪法第十四修正案"都涉及财产所有权及其管理处置等问题。《宪法》所提供的保证并非不受限制的自由,而是施加限制的正当性与普遍性。这些修正案告诉我们的,不是像言论自由那样,政府不应加以任何规范限制,而是在作出此类规范限制时,政府必须公正,必须依据值得信赖且有条不紊的程序。规范财产交易的原则所确认的不是自由,而是公正。而公正显然不是自由。二者具有密切且必要的联系,但二者显然不能混同。

然而,我曾经说过,求助于历史文件,并不会对目前的这场论战发挥决定性作用。如果严格依照过去的论调,甚至都不能将秉持《宪法》的观点贯彻到底。例如,可以通过对比《权利法案》以及《独立宣言》中相应表述的方式予以说明。在此问题上,两份重要历史文件的规定大相径庭,导致目前的局面显得颇为荒唐可笑。根据《宪法》的规定,生命、自由、财产权利可以通过正当法律程序予以限制。《独立宣言》则表示:"我们认为这些真理是不言而喻的:人人生而平等,造物者赋予他们若干不可剥夺的权利,其中包括生命权、自由权和追求幸福的权利。"当然,对于自然权利进行"过于自由"的诠释,往往十分危险。在讨论人类自己制定的法律时引入造物者的信条,显然会产生大量可供误读的空间。同时,这两份文件中的表述也的确存在违和感。其中的一份文件认为,生命、财产与行为的自由不受限制,政府不得剥夺。而对于另外一份文件来说,政府的责任十分明确,就是判断以何种方式,基于何种条件,剥夺、限制人的生命、自由、财产。这就不禁让人认为,那些将《宪法》解读为支持商业自由竞争的人的内心确信,并非来源于《宪法》,而是与之大相径庭的《独立宣言》。他们显然将十三个殖民地高举义旗时语焉不详的高度情绪化宣誓,混淆为一个新成立的国家在和平时期针对如何开展各项活动而做出的精心的理性规划。

然而,现在有必要放下对历史文本的解读,将注意力集中到这些文件意图建构的实际程序及背后的态度上来。这里,可以发现区分《独立宣言》与《宪法》的决定性根据。借此,我们可以判断,美国的生活体制要求自己对财产的管理免受政府干涉这一主张是否正确。

首先,可以明确肯定的一点便是,我们的政府的确规范、控制财产的所有及管理。从首批北美殖民者踏足这片蛮荒之地开始,各个村庄乡镇、郡县城市乃至州抑或联邦,都一直在通过制定令状、普通法、单行法、成文法乃至系统法典,告诉我们针对自己及他人的财产,可以做什么,不可以做什么。因此,在近些年,我们开始规范铁路运营,为劳工设立工作时间、工作条件及薪酬待遇的标准,从个人及法人的年收入中征收我们认为必要且数额适当的税金;我们通过改变利率,决定借款者与出借者达成和解时需支付多少款额;我们将寡妇或孤儿继承的财富之一部分拿出来用于公共目的。通过上述途径及其他方法,我们限制了个人使用自身财富的自由。面对此种行为,难道能够认为对商业活动的公共控制否认了正当的自由精神?如果要这么说,其实就是在说自由与政府截然相对。我们要表达的是这个意思吗?《宪法》的制定者显然不会这样认为,我们同样不会。

其次,在处理可供解决我们目前面临困境的内在动机时,同样十分清楚的一点便是,我们的确是在有意规范着商品的买卖。这样做有何不可?如果某项商业活动被认为对整体福祉有害,为什么还要允许其继续存在？如果某位谋取私利的商人导致他人蒙受损失，至少到目前为止，没有任何理由认为可以任其恣意妄为。在此方面，为什么我们需要在不喜欢这些人做法的时候，依然放任无为？我担心，真相在于，我们当中的一些人，试图通过整体的自由原则，解决这一原则本来无法解决的一个当代问题。和其他很多工业国家一样，美国目前同样面临着在经营管理方面究竟采取个人主义还是整体主义的抉择问题。对此问题，跟在其他方面遇到的问题类似，存在两种截然相对的观点。有些人相信，自由竞争的方式要比其他方式更有前途。我们说，交易自由对所有人都有好处。但也有另外一些人认为，自由竞争体制根本不管用。我们深信，如果任由强者富人肆无忌惮地追逐财富，势必会导致其他人面临被奴役的命运，并因此陷入贫困状态，根本不会从中受益。美国人民目前正面临如何在上述两种观念中作出抉择的困境。无论作出何种抉择，都没有人可以告诉你，我们将重新回到相对自由的人生轨道。恰恰相反,我们很有可能会慌不择路,选择整体控制。如果是后者,就会催生出一个实际问题,即规范与控制权是交给联邦政府,还是留给州及地方政府。无论如何,美国的精神自由,绝不意味着财产所有权的绝对自由。在经营管理采取个人主义还是整体主义的争论中,人类精神的自由问题并不受影响。在我们达成共识的生活及政府治理模式当中,无论是理论还是实践层面,都已找到解决方案,即经营管理可以在必要的情况下受到规范及控制,但这并不意味着要限制精神活动。在缺乏对商业乃至工业的立法控制之前提下认定人类的精神自由,就是在否认我们这个机制的理论与实践。至少从美国历史的角度来看,从我们所承担的义务和责任出发,这种认定显得无比荒谬。只有那些排除内在观点,将人类生活完全建立在外在的基础上,将商业活动视为精神活动,逐渐将创造、分配物质财富作为主要关注点的社会体制,才会产生如此误解。

我之所以对目前的社会秩序深恶痛绝,最根本的原因莫过于学术界乃至实务界的很多头面人物,连累大家,犯下这般大错。如此盲目的带头人引领一群短视者,怪不得我们正摇摆在深渊的边缘。如此混淆自由与正义,让人似乎看不到一丝希望。

第七章

自由、平等、博爱

我说出最初的通行口令,我发出民主的信号,

上帝啊!如非所有人在同等条件下能得到的东西,我绝不接受。①

我一直主张,美国人应当致力追求的"自由",绝非我们可以选择的买卖或交易自由。我一直坚持,无论是

---

① 出自美国著名诗人沃尔特·惠特曼(Walt Whitman,1819—1892)的代表作《草叶集》中的"自己之歌"(Song of Myself)第24节。译文参考了〔美〕沃尔特·惠特曼:《草叶集》,邹仲之译,上海译文出版社2015年版。需要指出的是,原文译者表述为"决不接受",疑似笔误,一般中文的表达习惯为"绝不接受",特此说明。

经典文献、过往行为,还是一般常识,都不会支持我们作为人类整体,要求商业行为免受政府干涉。的确,人"渴望"个体自由,但我们却未必相信可以将其作为自由社会的生活方式。

然而,同样可以确定的是,对我们当中的很多学者及实业家而言,经济视角的自由观显然具有特殊的吸引力。特别是那些所谓"现实主义者",自诩思想坚定,能够超越普通人的感情用事及大众迷思。在本章,我会指出,这些人将完全推翻我们普通生活所依赖的基础,导致灾难性后果。他们让我们混淆了自由的本质,抓不住重点,碰到问题时亦无力应付。因此,只要有可能,我们必须看透他们所犯下的错误。

一般来说,在目前围绕社会政策的讨论当中,我们如果接受自由原则,就必须放弃平等及博爱原则。我们被反复提醒:"自由与平等无法兼容。"因此,我们必须在二者间作出取舍。同时,一般认为,我们早已作出了选择。作为人，我们天性渴望自由。因此，在此基础上，我们即便不再考量平等、博爱等要求，也没有太大关系。后面的这两种要求已经陈腐过时，并不适应这个自由的"生活范式"。我们现代人直截了当地要求自由。我们也仅仅要求获得自由，让每个人都做回自己，让每个人都在自己的能力范围内各取所需。至于人人平等，能够像兄弟姊妹一样共同生活，则纯属"理想主义者"的白日梦，这在日常生活中几乎没有半点立足之地。人最好将自己交给能力，甚至某种意义上，交给自己的"命运"，这已足够公平，足够善意，以至于自由独立的人无须再通过公平或善意来关注自己的人生。

如果我们能够意识到，人类最初所接受的自由概念，其实与平等和博爱的理念密不可分，就不难看出，上述观点有待革新。事实上，这三项原则关系密切，实际上都是民主概念的不同组成部分。其中，自由的概念同样被认为是其含义的特定部分，无法单独割裂出来。我们为自己生活的这个社会设定的指导原则,正是平等、博爱的自由。试图将自由从其语境中剥离的做法危害巨大,以至于我不得不再次套用"革命性的"和"非美国化的"修饰语来加以形容。我坚持认为,除非坚持人人"平等",除非坚持"博爱"互助,否则试图赋予人类自由,哪怕是赋予人类自由的想法,都注定是无望且徒劳的。如果为了自由我们不得不放弃平等与博爱,势必在理论及实践层面对美国人的生活造成革命性的影响。这样说,否定了产生于我们的政府及生活方式中的内心确信以及意图。在我看来,这直接否认了我们最深层次、最受珍视的内心确信。对我们来说,这三项原则,我敢肯定,依然代表我们为自己选择的生活方式的三个特征。如果将其分割,显然是让我们的精神信仰分崩离析,其暴力程度足以达到让我们自相残杀、自我背叛的悲惨程度。这就意味着,需要密切关注,如果接受了这种自由观,将会导致平等成为泡影,博爱变得荒谬。我敢肯定,我们会发现,这在原则上是不真实的,在结果上是灾难性的。

主张自由作为一项原则,意味着我们要从传统中清除博爱与平等的看法,显然无法让人信服。这种观点粗制滥造,核心上,还是从经济视角出发解读上述三项原则。

排斥平等的信条,建立在如下两大前提之上:首先,人们发现,每个人的能力并不相同。这一点在人生的各个阶段确实存在,对此,任何理性的人都不会否定。能力方面人人平等,显然不能称为民主:毫无疑问,这是在胡扯,无视事实。正如人会在身高、速度、消化、瞳色等方面各不相同,他们也会在思考力、理解力、行动力、领导力及主导力方面存在差别。并且,如果这些全部成立,那么将社会理论建立在个人经营能力平等的基础上,相当于痴人说梦。一些人明显要比其他人更精明,在勤勉乃至意志坚定程度方面,人和人的区别更甚。除了上述能力存在差异,我们人类在获得更大份额的财富和权力的意愿与激情方面,也不尽相同。个人禀赋天成,差异极大。

其次,这些人还主张自由与平等属于经济原则,跟获得及占有物质财富相关联。因此,所谓自由,在可能的范围内,被理解为在商业经营活动时不受任何限制。自由原则,被认为是在经济乃至工业生活中自由竞争的原则。因此,从这个角度来看,平等也是经济意义上的。平等意味着——如果不是根本毫无意义——所有社会成员可以平等分配物质财富,也就是说,平等占有自己想要的东西。

当这两大前提合并起来时,结论就会像二加二等于四那样自然而然地出现。如果在公开市场,人人可以自由竞争,予取予求,如果这些竞争者在获取及占有能力方面各有不同,一个符合逻辑的结论便是——没有人会否认——自由迟早且必须摧毁平等。如果在冲突中夹杂了不平等,那么势必是强者获胜,弱者失败。如此一来，正像其所要证明的，人自由，但不平等。社会秩序，只能在二者之间作出抉择。我们美国人——这种观点认为——选择了自由，因此放弃了平等。

在自由的基础上放弃博爱的理由，相对而言不那么理性。事实上我们并未呼吁放弃博爱，相反，只是在沉重的压力面前，博爱逐渐淡出了我们的视野而已。很少有人明确反对，除非有人会立足"适者生存"的角度，从民主中笼统而沉重地推导出这一结论。事实上，博爱的命运，类似于当代新教神学中恶魔的下场。没有人宣称其不存在，我们只是不再严肃认真地予以反思而已。如果自由竞争的原则被证明成立，我们会作何感想？在一个适用该原则的世界，博爱究竟意味着什么？当法德两国争夺鲁尔地区时，还能谈什么博爱友情？在1934年夏天的旧金山，码头工人和船主之间如果谈什么友谊，显然是在痴人说梦。难道军火商会因为爱他们那些同胞而不做买卖？不，这可不符合自由的理论。我们现在

讨论的自由理论非常简单。根据这种理论,人可自由追逐利益。根据这一原则,每个人都可以光明正大地各取

121 所需。我们的人生就是一场冲突。人并没有兄弟。自由,在我们建构的过程中,就已经对友爱之情宣告了死刑。我们是"自由"的,因此博爱毫无意义。

但这种八面玲珑的论断方式,得出的结论必定是荒谬的。从这一前提出发,十分精明而又看似合乎逻辑的推论便是,美国人并不在乎平等与博爱。但这种说法显然不切实,因为它彻底否定了我们最为珍视的两种内心确信,与我们最为珍视的两种情感背道而驰。我们不能以之作为诠释自身的说辞。得出这一结论的逻辑过于粗暴。我们若以此展开推导,错误难免。

任何直接或间接告诉我们不能将他人视为平等兄弟的理念,都因其否认我们最为笃定的内心确信,而应遭到摒弃。自由之要义,并不是交易自由。只要社会秩序提出要求,就应限制,甚至彻底废止这一次级自由。

这种自由是我们的仆人,而不是我们的主人。这种自由是我们的工具,而不是我们的原则。可以认为,它只不过是我们为个人及国家的建构寻找的一个令人感到遗憾的替代品而已。我们在乎的自由,是平等,是博爱之情。

但是,我知道,此处将面临一个事实问题的挑战。可能有人会质问,有哪些证据可以证明我们美国人依然拥抱平等博爱?对此,我是否可以辩称,这些证据虽然算不上"实验结果"般精确,但在我看来依旧非常有说服力?下面,我将尽力说明相关证据。

在美国建国之初,我们对于平等的热爱,可以在《独立宣言》中找到典型表达。这份文件序言之后的第一句话便是:"我们认为下述真理是不言而喻的:人人生而平等。"……我想,这一决定人类命运的伟大辞章,自诞生那一刻起,所有人便被这一表述弄得一头雾水。在其含义的每一处转折,我们的内心都充盈着不明确的感觉。

然而,在关乎这个国家对平等大业的坚持方面,其所表达的含义则是明确无疑的。我们作为一个统一的国家,由我们选出的代表一致同意首次发表的宣言,内容是:"人人生而平等。"我敢肯定,我们当时设定的含义跟今天我们的解读别无二致。

至于美国人坚持博爱的根据,主要来源并非政治文件,而是在美国早期历史中影响深远的基督教义。几乎所有的话语体系均承认"又要爱邻舍如同自己",并视之为基本原则。这一点对于支持或反对教廷的人来说没有区别。的确,针对教廷,存在尖刻、激烈的批判。但是,批判的对象并不是原则本身,而是并未忠实表达这些原则的机制。否认我们这个国家源于基督教文明,否认其是一个依据"四海皆兄弟"建构的社会,显然是在说胡话。

我们目前坚持平等、博爱的证据,既不来自于政治性文件,亦不出自宗教教义。政治文件往往含混不明,宗教教义经常模糊不定。但在我看来,手边的证据很丰富,也很明确。人们经常发现,当前,对于社会公正的需求俯拾皆是且非常有力,以至于我们的日常生活悉数被其所覆盖。在私下对话中,在公开讨论中,在杂志与书籍中,在绘画、诗作及音乐作品中,在剧场和教堂中,这始终是主导性的中心话题。的确,我们也不太清楚应当通过何种方式实现社会公正。但我们具有令人惊奇的共同的内心确信,这便是,平等、博爱属于目前美国生活的核心议题。例如,伴随着美国经济体制的崩溃,数以百万计的家庭变得居无定所,没有任何经济自由的相关理论可以让我们坚持认为,应当将这些男女老少交给自然经济规律,任由其自生自灭。他们对我们来说是父老兄弟,我们也应当这样对待他们。的确,我们可以用商业中自私自利的规则掩盖自己的意图。很多人告诉我们,只有让穷人获得购买力,我们的市场才能恢复。他们同时警告,如果让太多人陷入贫苦饥饿,势必催生暴力,毁灭我们赖以生存的经济架构。但跟美国人民当前的精神状态相比,强调外在因素的论点多少显得苍白无力。只需要跟惠特曼所言的"上帝啊!如非所有人在同等条件下能得到的东西,我绝不接受"相比,就能立刻发现那些论点是多么肤浅。我们作为人,应当和惠特曼站在一起。虽然对于方法、道路依然不甚明确,但我们应在方向、目的上果断坚决。对此无视的人,在我看来,显然没有发现美国当前最为澎湃的一股力量。我们一直希望目前大肆吹嘘"自由"的经济秩序能够真正为我所用。现在,我们已经做好准备对之加以修正。如果单纯的修正尚不足够,我们就将从目的出发,促使其彻底转型。目睹的经济灾难与不幸,让我们认识到自己的目的究竟是什么。我们是正直友善的人民,如果在不顾公正友善的基础上空喊热爱自由,在将平等、博爱从生活模式中驱赶出去的情况下讨论自由,此般自由根本不是美国的自由。持有这种想法的人显然存在疏漏。他们既不了解自己,也不了解我们。我们所要求的自由,是平等、博爱的自由。民主对我们美国人民来说,只是被选择的一种福音而已。

对此问题,我之所以进行详尽思考,是因为这清楚无误地表明美国正在遭遇的精神悲剧。实业家在处理如此重要的问题时再次失去焦点。他们过分关注经济利益,忽视了本来最应当关注的问题。因为他们在经营方面思虑过多,以至于无暇考虑其他,哪怕是感觉更重要的事情。他们将我们社会生活中最为重要的出发点,与不仅和其自身,还跟我们坚持的其他根本原则相悖的理念混为一谈。他们没有告诉我们公平正义——或许他们根本没有注意到这一点——即便在逻辑上认同,也没有过多涉及平等、博爱。在一个崇尚自由,不限制竞争的社会,公正意味着什么?在这种秩序下的自由,就是人吃人的自由。在这种冲突关系中,简单来说,公正就是一个人能够攫取到什么。如此定义下的自由,绝非自由社会中的理性原则,变成了彻底驱除其他含义,或将其摧毁殆尽的吞噬者。自由已经不再是某种原则,而化身为经济头脑中的迷思。

这种迷思所催生出的悲剧,在当今美国人的心中,有如明镜。现在很多人主张,当前精神之沦丧,在很大程度上是因为我们试图将无法继续服务于我们目的之陈腐信条,与一个日新月异的激变世界捆绑在一起。据称,我们的首要任务就是创建新的理念,取代曾经成立但已无法适应变化后之目标的原则。这种观点部分成立,但在我看来,成立的部分比重不大。更为重要的是与其截然相反的对立观点。最大的悲剧在于,目前的机制、目前的信念没有认识到平等、博爱依然是美国精神中最为重要、最为根本的传统理念。我们的问题是,依然坚信平等,无论我们如何表示否定。我们的苦恼来自于自己所建构的世界假装不承认人们依然热切贡献的人间友爱。真相绝非传统理念荡然无存而对我们不再具有号召力。相反,尽管我们在此方面一再犯错,但传统理念依然存在。在我们认知与实践的肤浅表象背后,人类依然渴求能够平等相待,能够彼此和平相处。这一点依然在主导着我们,依然在控制着我们。发现我们坚持否认自己最珍视的真理这一事实,让人备受折磨。看到我们的行为正在毁灭我们所在乎的事业——这种分裂和矛盾,将我们带入一种混沌自责的状态。从这种悲剧中逃离出来的关键,不在于建构一整套全新的世界理念,反而是将这个新世界带回到曾经一度——并且在我们看来,未来依旧——作为我们美国人民主要精神力量来源的传统理念的影响之下。这便是自由、平等、博爱、公正的原则。

第八章

自由与贫穷

128　　贫穷的人就是没有自由的人。

在前述三章中,我曾尽一切所能区分两类不同的自由。我们认为,其中的一种自由不应受法律干涉,而另外一种自由则在本质上需要受到国家的限制及控制。前者从内在或精神方面出发,与人或国家的构成本质相关;后者从外在或物质方面出发,与人或国家的客观行为相关。前者关注的是做什么样的人的自由;后者关注的是做什么事的自由。

现在,如果不承认上述分类正面临美国最具自由精神的诸多精英人士的质疑,显然是睁眼说瞎话。甚至直接斥之虚假误导,亦不为过。我们会被质问,如果内在的自由与外在的政治或经济生活中的挣扎毫无关联,对其进行区别界定又有何意义?对一个吃饭都成问题,或者被经济上的恐慌或不安逼到发疯的人,还奢谈什么精神自由?对于经济生活遭到外力限制、操控甚至主导的人,说其内在的自由与外在目标格格不入,无法兼容,有何意义?你难道没有读过霍姆斯大法官的名句,"贫穷的人就是没有自由的人"?那么,在明知面临外在限制,因此任何决定都无法落实的时候,为什么还坚持将自由与决定联系起来呢?这样做简直就是在让一个人的外部世界陷入痛苦绝望的同时,"挽救他的内在灵魂"。这种内心生活的卓越比什么都要糟糕。这事实上误导乃至毁灭了其旨在挽救的目标。

在应对上述批判时,是否可以一方面接受霍姆斯大法官的上述说辞,另一方面却不向任何人屈服?在我看来,这句话的通常解读,给我们践行自由主义大业带来了极大的障碍。为什么自由主义的推动力如此之小?

为什么其号召力如此之弱？为什么它会给我们没有方向感、没有持续热忱意图的印象？我个人的判断是，症结并不在于将迎面遭遇的重重困难，并不在于反作用的层级力度，而在于其自身缺乏内在的明确性及洞察力。因为缺乏精神向度的指引，故而没有推动力。这种方向性的缺失，在我看来，是造成我们内在目标与外在目标混为一谈的主要诱因。人奋斗是为了生活得"舒服便利"，同时还可以将这种奋斗解读成是在为生活本身而奋斗。借此，我们可以获得更为便宜的房租，更为低廉的电价，以及像过去为自由而战时赢得的那般欢喜。最终，这将导致我们越来越倾向于改良这种对于一己之利的贪婪争夺。其本身所具有的人类本质理论直切要害，强调寻求作为自由主义力量之源的相互理解与合作。

在此基础上，对我方相关论断的指控可谓严厉，必须严肃对待。根据我的理解，批判意见的要点在于，从定义上区分人类生活的内在方面与外在方面，割裂了二者之间的重要联系。批评意见认为,我们要求人拯救自己的灵魂,但同时却忽视了影响力巨大的外在条件对人的奴役,最终让人的内心——从其获得的精神经验层面来看——无法产生任何配得上自由的感受。

毋庸讳言,这种指控在我看来缺乏根据。因为我本人对内在与外在的界定,就是要建立二者之间的关键联系。我同时承认,任何社会秩序中最为核心的问题,如果从外在的政治话语来看,因控制力与建构力太强,以至于俨然成为内在生活的核心目的。我想要表达的意思并不是忽视外在或客观方面。相反,外在或客观方面必须服务于内在或精神方面,并从这一目的出发,对自己的方式与形态加以整合,以确保其充分性与可靠性。面对如此重任,如果混淆内在方面与外在方面实际存在的界限,似乎于事无补。生活的目的不是为了创造财富。人的首要任务不是为自己或他人提供舒适安逸的生活。如果执念于此,势必动摇整个人类大业的根基。

概括而言,我始终致力于建构一套明智表达社会秩序所面临问题的概念体系。此举虽然无法让我们所面临的问题迎刃而解,但可以为问题的彻底解决提供助益。借此,可以让我们获得确保问题的解决不至于陷入混乱的话语体系,并为相关蓝图的设定及行为的实施铺平道路。

我希望读者不要误解本人没有立刻且充分地回击此前列明的相关批判的原因。之所以这样,是因为在我看来,批判意见建立在对美国历史中一以贯之的自由、独立等概念的误读基础上,而现在这种误读业已严重威胁美国人的共同生活以及共同体制。我特别希望指出其中的两点混淆之处。首先,便是我在前面几章所讨论的对于自由的外在解读。因此,我认为,在最终厘定作为美国人生活理想目标的自由概念之前,需要彻底清除存在的此类错误。相关概念厘定结束后,我将回头解决刚才提到的相关批判。我认为,这些批判迫使我们直面在试图理解自身的过程中所必须处理的最为疑难、最为重要的问题。可以说,这是如何让人类机制服务人类目的的问题。因此,不能说我是在试图回避问题。相反,本书自始至终的唯一旨趣,皆是为了解决这一问题。

第四部分

独立的阐释

第九章

独立之渴望

犯我者必受其罚。 135

我们对自由的两大混淆中,最为显而易见的,莫过于将其视为欲求,而非推崇或义务的对象。这就混淆了欲求与义务的界限。我们美国人,非常容易犯此类错误。

从外在或客观方面来看,我们算得上是积极且充满活力的族群。也正因如此,美国人往往对限制感到不耐烦。我们希望能够放开手脚,自由从事自己可以选择的任何事情。我们讨厌国家的干预。我们对待生活的态度,和孩子对待游戏的态度十分类似。最开心的,莫过于能够自己的事情自己做主。如果必须对他人言听计从,生活就将失去激情与色彩。我们发自内心地渴望独立自主,这种渴望,这种焦灼,是否就是对自由的热爱?答案显然是否定的。我们习惯分别认定这两个概念。那些主要想摆脱控制的人,无论这种控制是愚蠢的还是睿智的,是必要的还是重要的,都会将这种冲动视为对自由的精神追求。在此,请允许我指出这种诠释的谬误之处。

假设有一百个人达成合意,组成了一个社群。如果我们询问合意的内容,假设有人回答:"我加入这群人的原因在于,我希望能够随心所欲地行事,我得到了保证,没有人会干涉我。"我们能否说,基于这样一种合意建构起的这个社群,表达了人们对于自由的渴望?很显然,每个人都渴望获得自己的行为自由。在此方面大家完全类似。但其他九十九名成员的意欲如何满足?他们也可以不受干涉地为所欲为吗?对此,至少从相关意欲层面,并无明确表述。每个人,至少我们被告知的是,仅仅渴望自己的自由。看起来,每个人仅仅为这个人群的自由贡献了百分之一的心力。并不存在能够将这些人团结在一起的对于自由的共同热爱。相反,他们之间蕴藏着一百种不同的,甚至相互冲突的意欲,随时有可能导致他们分崩离析,甚至自相残杀,引发整个社群走向支离破碎。

如果一个人说可以代表所有人,显然情况要好上很多。当然,我也希望每个人都能享有自由,如果其能够得到自由的话。这样的一种"意愿"既不是意欲,也不是贡献。针对他人的自由所表现出的兴趣绝无此种激情,每个人关心的只不过是满足自己的需要而已。每个人的意欲关注的还是自己,这只不过是以自我为中心的想法而已。其中并无义务,并无责任,更不会像为了自己的福祉那样勇于牺牲。

但至少这种欲求的论调往往以一种更具说服力的面貌示人。我们被告知,每个人都能洞悉"人人为我"根本不会发挥作用。我们不敢为了一己之利,对他人的自由无动于衷。相反,我们必须要对其他同类伸出援手。如果不和其他人一道捍卫他们的自由,他们也不会和我一起捍卫我自己的自由。在这种情况下,我们将共同沦为奴隶。如果一个人,或者一个社会,适用的尽是一些"宣扬"私利的论调,还能认为这是对自由的真正热爱吗?我们要怎么才能做到这一点?如果这种观点成立,任何社会成员关注的便是自己的自由。每个人只在满足自己意图的范围内投桃报李,关注其他人的自由。对于他人和他们的自由,自己关注的依然只是和本人利益有关的部分。对自己来说,其他人只是工具,是自己可以利用的掩饰道具。自由,对于自己,像对他人一样,是其本人及所有人都应坚持的行为素质,是谴责或褒奖人类机制时依据的人类价值——在这样的社会中,自由是不存在的,更不会上演什么奇迹。从这样一个,或者类似的一亿两千五百万个只顾自己的人的欲念中,凝聚出一种对于自由的热爱精神,从而让这些人及其所生存的社会受到推崇。自私不是慷慨。冷漠不是友善。欲望不是理想信念。个人获得独立性也绝非自由。外在的渴望,即便通过外在的合意得到确认,也与人的精神追求含义完全不同。混淆二者的想法,最终将美国人对自由的热爱蚕食殆尽。每当我们想到这些混淆时,话到嘴边,热血沸腾,但指导我们言行的内心,却迷失了方向。我们奉行的追求自身独立的福音,乃是弱肉强食。这意味着狡猾、恃强凌弱、不择手段且乐于干涉他人生活的人,最终将得偿所愿。其实际的意思就是,用自由来毁灭自由。一旦混淆了意欲与推崇、渴求与义务、外在与内在、物质与精神,这就将变成我们的社会准则。

这里不需要画蛇添足,补充我所批判的意思,并不是指对自由来说,个人欲望毫无价值。我谴责的不是欲求本身,而是在内心将其与完全不同的其他事物混淆起来。当自由危在旦夕时,说"这是我的,我想要这个,别人不能拿走,我会誓死捍卫这个"是一回事;但在相同的情况下,说"自由对人来说是正确的,我承认自己也坚持这一点,如果自由权利受到威胁,我将不计代价去捍卫,我希望所有人都获得自由"又是另外一回事。基于上述第一种态度,是无法建构起一个自由的社会的。如果这大行其道,任何社会团体,说到底,都将试图奴役其他团体成员。自私,无论多么冠冕堂皇,都是并且一定将会是社会内讧的根源。另外,如果秉持第二种态度,就将在我们这个人类社会实现和平、秩序、公正、自由。没有什么比将"需求"与"对于情况的反应",将针对自由的欲求与义务混为一谈更具灾难性的了。或许有人会说,天堂和地狱,从定义上来看,都属于供人居住的地方,因此,人类对于二者的反应,无足轻重。独立之渴望,虽然应被允许,但不值得被推崇。千万不要让人感觉,对于限制的不耐烦,就是追求自由。自由绝对不是每个人希望自己获得的东西。自由,是任何一个大写的人,都乐于为之献出财富乃至生命的东西。

第十章

独立与边疆

我们把过去统统甩到身后,

我们进入一个更新、更强、变化万千的世界。①

我们美国,经历了对自由的理解造成严重损害的第二波思想混乱。其中,我们并未混同理想与欲求,而是错将别的东西当作了理想。我这里所说的,是将美国人独树一帜的对独立的热爱,等同于对自由的热爱。

这种迷思,对于我们这个崇尚开疆拓土的文明而

---

① 出自美国著名诗人沃尔特·惠特曼的代表作《草叶集》中的"开拓者,哟,开拓者"(Pioneers! O Pioneers!)。译文参考了〔美〕沃尔特·惠特曼:《草叶集》,邹仲之译,上海译文出版社2015年版,第352页。

言,再正常不过。毋庸赘言,在很多方面,我们过去,包括现在,依然过着地理意义上的边疆生活。我们,就是开拓者。我们的历史,自始至终就是一个新生国家不断开疆拓土的历史。我们的国民性,不可避免地受到周围环境的影响与塑造。早期,我们的理想信念在很大程度上受到那些深入蛮荒之地探险的独立个人及团体的影响。通过征服危难、艰辛、劳苦与不确定性,他们塑造了开拓者的品性。他们让我们养成了推崇精明、决断、开创、坚持的习惯。特别是这些先驱者在我们内心不仅建构起对个人独立的渴求,还培养出对独立本身极高的评价与推崇。

但在过去的三个多世纪,开拓与独立,并不仅局限于美国。在宗教及工业这两大重要领域,我们都和欧洲一样,秉持真正的开拓精神,美国所属的西方文明,在上述两个领域一直努力开拓未知的新世界。

科技时代的到来,让我们每个人都能身处其中。行为与思想的新世界,就摆在每一颗具备当代思想的心灵面前。设计及实践现代工业发明的人,已然成为今日的冒险家。他们迈出的每一步,都会发现,等待自己的是全新的未知世界。同样,新教主义的缔造者与追随者,在宗教领域,也堪称拓荒者。他们将旧世界抛在脑后,毅然出发,寻找新世界。在英国和德国、法国和瑞典、意大利和俄国,每当传统生活方式遭遇新知的暴风洗礼,我们的文明就会展现出开拓者的品质,人类自身也会得到这种经验的重塑与完善。不仅是背井离乡开创新天地的人,连那些放弃传统习俗、传统契约、传统信条而寻找全新替代品的人,都渴望独立。新教徒和商业开拓者一样,热爱独立。他们都有全新的工作要完成,全新的计划要设定,全新的世界要征服。因此,这些人才会勇敢前行,寻求财富,重塑自身。那么,他们的独立和他们的自由之间,是何关系?

如果现在我坚持认为,独立绝非自由,希望不会因此不当贬损所谓的边疆精神。独立,是人的一种理念。任何建构其上,或者围绕其组织开展的社会生活,显然会激起对此般场景感兴趣者的热血。"内心充满独立精神的人",对我们所有人而言,都称得上品格高尚。至少,这些人是非常伟大的。和那些落在后面、只关注安全与和平的人相比,这些开拓者让满心推崇的我们无比向往。看到一个人能够脚踏实地、勇担风险,面对险恶的世界毫不退缩,从不要求特殊照顾,总是会让人心潮澎湃、血脉贲张。"人,才是真金,不管他们那一套",我们兴高采烈地说道。这便是爱默生倡导和惠特曼歌颂的自立。在某种特别的意义上,这便是我们所钟爱的美国人的优点。显然,这也为一切由普通男女组成的社群奠定了坚实的品格基础。如果缺乏这一点,其他优点自然不复存在。如果一个人自己不帮助自己,没有其他人会帮助他。如果缺乏此类自立的品质与能力,就根本没有任何自由可言。这便是高尚、完美的国家文明得以立足的根基。

然而,凡事皆有两面。在开拓者的原始激情背后,总是掩藏着观念的混乱甚至巨大的灾难后果。独立并非自由,而只是其所具有的一个面向。一个推崇前者,但实际上选择成为后者的社会,注定失去自由。现在,我需要首先从地理概念上的边疆开始,论证上述观点。

这些边疆开拓者,恕我直言,至少在处理某些人类问题时,采取的是逃跑战术。其所谓的自立,是单向度的。对于其他人试图征服或解决的问题,这些人选择了逃避。在启程前往蛮荒之地开拓边疆之前,他们生活在某种传统、确定的社会秩序当中。但这些人对此感到不满,因为自己和其他人并未解决那里的实质问题。他们感到不满后便一走了之。而被其抛在身后的那些人,却依然面对着这些残存的问题。在任何有组织的社会中,信仰问题、财富问题、政府问题以及与此相关的自由问题,都不容回避。社会试图为其成员提供自由的努力一直不曾停歇。然而,开拓者们却试图在孤立中寻求救济。他们不再努力为自己寻求自由与希望,而是转向那些现成之物。他们希望苍凉的荒野能够带给其无法通过自身努力获得的东西。在他们前往的那片"自由"的土地上,人应该是自由的,毕竟彼此在空间上的距离,使得这些人基本不会干扰对方的生活。概言之,依靠外在条件,这些人将会获得仅靠内心精神的挣扎无法实现的目标。人们将信心投放至愉快有利的环境,而非一个人磨炼心性的漫长、痛苦的精神过程。在这个意义上,我必须坦言,我们美国人,在三个多世纪的漫长时间内,都在逃避承担人类应当承担的责任。这个国家,其实颇受命运青睐。通俗点说,我们来到的这片土地,堪称"上帝乐土",上帝、命运或环境会解决我们面临的所有问题。在社会场域下,这里并不需要什么能够解决问题的人。我们需要询问自己的一切,便是个人独立与坚持己见。

因为物质财富和物理空间的极大充沛,每个人都可以自行其是。对我们而言,至少从人类社会的历史来看,被赋予了"独立这项极其光荣的特权"。

美国边疆生活的真实悲剧,在罗尔瓦格(O. E. Rolvaag)创作的小说《大地巨人》(*Giants in the Earth*)中得到了鲜活的刻画。在这个故事当中,两位挪威移民,佩尔·汉萨(Per Hansa)和他的妻子贝莱特(Beret),于十九世纪中期,跟为数不多的几位邻居一道,在南达科他开辟了一处农场。这两位移民以及他们的三个孩子,来到美国时还是相亲相爱的一家人,彼此深爱着对方。彼时,他们作为普通人的生活,优雅惬意。但在故事结束时,这几位亲人相恨相杀,让彼此走向毁灭。每个人最终的结果,恰恰是其想方设法防止自己走上绝路。而罗尔瓦格凭借惊人的洞察力,一针见血地指出,悲剧的发端,就在于开拓者的独立性。

汉萨是典型的边疆开拓者,强壮、精明、热忱、欢乐、不知疲倦、足智多谋、坚毅果敢、野心勃勃。看到展现在眼前的新世界中蕴含的大好时机,他身体内潜藏的能力幻化为一股狂野且经久不息的成就感。他的妻子贝莱特则以自己的美貌与汉萨的强壮相匹配。她睿智、和蔼、深思熟虑、细心呵护。汉萨所代表的是一种外在力量,而贝莱特的体内则蕴含着人类经验的价值以及对于内在意涵的关注与渴求。

汉萨与任何不利的影响积极斗争,并最终获得了胜利。没有什么可以吓倒这个男人。"一望无垠的壮美土地都将是他的,对,是他的,印第安人的亡灵不会将他吓走……他的心脏,开始有力地兴奋跳动。一种前所未有的感觉充盈身心,使他不由自主地挺直胸膛……'很好,很好!'他说:'这将成为我的地盘,我的王国。'"

他的精力似乎用之不竭。邻居们还在翻土刨食的时候,汉萨就开始想方设法寻找其他赚钱之道。他试图赢过所有人,并且最终做到了。

"在晚上不用干活时,当他在土地上徜徉,发现自己白天完成的大量工作时,汉萨不由得心花怒放,开始吹起一首传统圆舞曲的口哨……看看,看看!如果他们还不紧不慢,就会在还不知道谁是高手之前让自己的农场破产。"

与此同时,汉萨的妻子精神失常了。起初困扰她的,只是如影随形的孤独。

"'哦,汉萨,我只是不敢从这里出来!'贝莱特紧紧靠住自己的丈夫,就好像要藏在他身后那样。……'这里太大,太空旷,空空如也!……哦,汉萨!世界末日到来之前,也不会有谁来到这里。'"

但后来,跟丈夫长期分离带来的孤独感,彻底将她击垮,让她最终精神崩溃。汉萨除了埋头苦干,什么都想不起。更糟糕的是,他居然开始耍起了贝莱特深恶痛绝的阴谋诡计。发现已经有捷足先登的开拓者在地上"钉下"了占地的木桩后,汉萨偷偷将这些木桩拔了出来,并付之一炬,而贝莱特目睹了这一切。

"这太险恶、太令人触目惊心了,贝莱特心里想,愿上帝宽恕他,他居然破坏了其他人的地标!……她经常听别人说,无论是在这里,还是在祖国:没有什么比向同胞下手更严重的罪恶!"

正因如此,贝莱特怒不可遏。

"'在我看来,我们应当谨慎小心,否则就会沦为像外面一样的禽兽。'"

就这样,悲剧渐渐拉开了帷幕。随着又一名孩子的呱呱坠地,汉萨像对另一位大地征服者那样欢迎这位新生儿,并将其命名为佩德·维克多利亚(Peder Victorious)。但贝莱特看到的,只是一位吝啬、阴险的掠夺者的徒劳挣扎而已。她已彻底崩溃。其他人最后都不敢让她单独和孩子相处,因为担心她会杀了自己的孩子。日复一日,汉萨眼睁睁看着贝莱特的优雅可爱——她所拥有的一切——在自己面前渐渐消磨殆尽,却束手无策。

"但一个人会仅仅因为老婆不喜欢,就拒绝奔赴希望之所吗?"面对这种令人不寒而栗的困境,汉萨反问。

他已经沦为了所谓"未来"的奴隶,以至于丢掉了生命中最有价值的部分。他自己打败了自己。

故事的结尾,多少有些反悲剧的味道。贝莱特,在某位巡回牧师的帮助下部分恢复了神志后,迫使汉萨在有悖其自身意愿与判断的情况下,冒着刺骨的严寒,带牧师去看望一位濒死的邻居。汉萨极不情愿、畏手畏脚地迎接自己的死亡,甚至都不肯对自己的家人说声再见。故事就这样以一种充满仇恨,开篇时的友爱荡然无存的气氛,戛然收场。

罗尔瓦格的故事,以我无法企及的表现力,阐释了误将独立作为自由的人所犯下的错误。首先,汉萨在处理和其他人关系的时候极端不负责任。他能自己照顾自己,于是就认为其他人也可以这样做。对自己一身力气颇感骄傲的汉萨,认为其他人也和自己一样强壮。他的心思全部放在这里,以至于没有办法参破这种社会理论所深藏的荒谬。除了"自己的未来"以及如何实现,他什么都不想。因此,他亲手杀死了自己的最爱,这便是他不负责任之处。

其次,汉萨的生命就是一场战斗。他周遭的一切外力,无论是人力还是物力,都必须一概征服。无论严冬酷暑,无论距离远近,无论贫穷虫害,无论土著移民,都要按照他自己的意志行事。他必须成为主人,必须驾驭其他人。如果谁胆敢拒绝,他就必须迫使其认输服软。概言之,他的世界,必须由作为征服者的他来征服。

最后,这个对外在或物质世界夸夸其谈,向所有人证明自己是多么聪明、多有强健的人,在他真正的内在价值面对质疑时,则变得无力而虚弱。汉萨必须和土地捆绑在一起,以获取农产品、金钱、权力与美酒佳酿。在这里,他才是精明能干的,他才拥有了自己的想法并善加利用。但他因为无可救药的愚蠢,丢掉了和贝莱特双宿双栖之美。我并不是说他缺乏情感、缺乏慷慨。汉萨的同情心说来就来,对自己的妻子宠爱有加,对邻人堪称相当可靠。但他非常愚蠢。或者说,他被"物质"迷住了双眼。在照顾牲口方面,他得心应手;但在处理家事方面,却显得颇为笨拙。他将那些在创造物质财富方面落后于自己的人嗤为"弱者"。对于这个集寰宇之内莫大财富于一身,又在一夕之间一无所有,并且根本不清楚自己是因为什么或者因为谁而沦为赤贫的人,我们又能说些什么?这一幕,对于狂热渴求独立的美国国民,又意味着什么?

第十一章

独立与自由市场

相信我,在下的话句句属实,绝无半点过誉之言。①

毋庸赘言,现代工商业者,骨子里依然算得上是"开拓者"。对于这些追逐财富的人来说,展现在面前的这个广阔无垠的新世界,正在刺激他们的神经。人员往来及货物运输,已经让全世界成为一个统一的大市场。颤动运转的新型机器,似乎可以源源不断地生产出倾销至世界各个角落的商品。金融信托,以令人瞠目结舌的发展速度,为每一位生产商、每一位贸易商铺就了大肆掘

---

① 出自莎士比亚戏剧《冬天的故事》(*The Winter's Tale*)第一幕。译文参考了〔英〕莎士比亚:《冬天的故事》,李华英译,外语教学与研究出版社2016年版,第10页。

金的康庄大道。人类社会,早已放弃了供祖辈们勉强维生的条块分割的土地,转而迈入了一个广阔无垠的全新世界。这个新世界的财富,等待我们去征服。

因此,我们的工商领袖们,堪比开拓者。他们像汉萨那样,投身于充斥着全新、疑难且纷繁的问题的混乱局面中。激发他们的,是毕其功于一役的梦想。"这将成为我的地盘,我的王国",他们说。每一次经手,他们都会发现新的机遇。只要人够聪明、够强壮、敢冒险,能够抓住新局面提供的良机,那么这个新世界中的一切就都将为其所用。这为独立的人提供了天时地利。因此,自由竞争便成为生活之法则。这里的财富对所有人来说都富富有余,每位开拓者需要做的,只是奋勇向前、各取所需。

这种看法中是否蕴藏着某种悲剧因素?现代工商业是否会像汉萨那样自我毁灭?这里我所质问的,并非这种商业模式将无法像其所号称的那样,为我们提供物质财富。这个问题,在我看来实属次要。汉萨的失败,并不在于没有像其本人所计划和奋斗的那样获得土地、庄稼乃至牲口。在这场奋战中,他是赢家。汉萨的悲剧在于,他亲手毁掉了自己与贝莱特苦心营造的生活。我们,是否也在面临这种毁灭呢?我认为答案是肯定的,理由就如同罗尔瓦格在故事中所说的那般。我们在商业独立方面的理论和实践,与我们的自由观背道而驰,并且在慢慢扼杀后者。下面,就让我来论证一下这种指控的正当性。

商人奉为圭臬的"自然自由"等论断,众所周知,由亚当·斯密于1776年率先提出。在讨论人与人之间的交易关系时,他曾说道:"请给我我要的东西,我会同时给你你想要的。我们获取的食物并非来自屠夫、酿酒师和面包师的恩惠,而是出于他们的利己思想。我们不用向他们乞求怜悯和爱意,只需唤起他们的利己心理就行了。不必向他们说我们的需求,只需强调他们能够获得的利益。"①宇宙自带的完善机制设计得颇为完美,可以让独立的强者获得照顾,人类皆有的自私天性,可以增加全人类的财富。"这就导致在很多其他情况下,追逐私利的人,可能通过看不见的手,促进本不是其意图实现的某种目标。"从事商业交易的人,显然不会试图促进公益。每个人都只在乎自己的利益。所有的计划和工作也都是为了谋取自身的财富。在公共事业方面,我们并非战友,而是在相互竞争以获得财富。但与此同时,善之天意、"自然秩序"与"因果报应",都在护佑我们。整体上的公益良善,作为一只看不见的手,并非依靠我们的意愿、智慧,而是利用我们的自私、才智以及盲目,来实现慷慨的目标。

请允许我再次重申,在我说这种看法中蕴藏着某种

---

① 此处译文参考了〔英〕亚当·斯密:《国富论》,高格译,中国华侨出版社2018年版,第2章相关内容。

154　悲剧因素时,想要表达的,绝非是亚当·斯密提出的这种自由观对工业发展毫无助益。如今,我们当中的很多人都深深陷入这种担心。他们看到了"资本主义"经济所遭遇到的困难,心中升腾起不祥的预感,开始担心自己脚下的资本主义很快就将分崩离析。我要说的不是这些。我所担心的,与此截然相反。我认为,这种自由观会发挥作用,极大地丰富物质财富,对之加以广泛分配,可满足人的生活需要,并成就我们的生活方式。我所担心的,是自由市场或许可以满足外在的幸福标准,或者赢得物质上的成功,但同时很可能会让我们的内心变得混乱疯狂,因此丢掉可贵的精神,从而使人类,被人彻底毁灭。自由竞争给人类究竟带来了什么?它如何塑造、形成人类的品行?它在人与人之间建构起了何种社会关系?这些都是关乎整个社会走向的核心问题。由于这些问题与对自由及独立竞争的安排与规划相关联,我在此必须予以回答。

如果仅仅从字面上理解亚当·斯密的观点,假定他只写了我刚刚引用过的段落,那么他告诉我的,就仅仅是应当以何种心态去接触屠夫、酿酒师和面包师。如果我想为晚餐买点肉,就要去肉店找屠夫,他会笑脸相迎。对此,我怎么想?这意味着什么?屠夫的言行举止,看起来就好像他在乎我和我的利益那样。他看起来"乐善好施"。不,我想说的是,请牢记,自由市场主义!屠夫的笑容,是需要付费才能换来的。他对所有的客人都笑脸相迎,因为这样做,会赚得更多。这样一来,我有样学样,也会笑脸迎人。这是因为我喜欢屠夫那种花钱买来的友好吗?当然不是。我笑,是因为这样可以让屠夫不锱铢必较,能够在称肉的时候手下留情。笑容与慷慨,皆需用钱换来。因此,我们都在虚与委蛇。接下来,交易达成,我付钱,拿回零头。不需要细数,因为在口碑良好的商店,我知道这准没错。好屠夫,就像他表现出的慷慨一样,必定是诚实的。如果他们在找零时做手脚,这拿一便士,那拿一便士,迟早被抓包。坏事传千里。这种人的生意势必被丑闻压垮,骗人划不来。因此,屠夫和我,都会以诚相待。

但我们诚实吗?我们慷慨吗?我们不会欺骗彼此,不会对别人耍花枪吗?屠夫的肉固然不错,我的钱也很好。但他的笑容怎么样?我的笑容怎么样?除非肉比笑容好,否则我吃肉就是不明智的。我们两个人虽然都在笑,但显然是在做戏。虽然我的脸上做足表情,像是在说"我喜欢你"。但在我看来,这真正要表达的意思是:"如果我能让这个家伙感觉到我喜欢他,就相当于给自己赚钱。"这样一来,根据相关理论,我们就彻底割裂了人类的相互理解,摧毁了人间友爱的价值。我们虽然得到了好肉,但沦为了坏人。我们所做的,尽是些生意人的手腕技巧,我们将其称为——"好买卖"。

我希望读者不要忘记,我对屠夫的描述是以"如果"开头的。如果自由市场就是真理的全部,那么我的故事就是真实的。但因为故事本身就是反讽,因此建立其上的人性本质理论也差不多。说亚当·斯密希望我们对他的理论进行字面解读,显然对他并不公平。他的《道德情操论》(*The Theory of Moral Sentiments*)告诉我们,主导人的,乃是对彼此的同情心。我们现在根本不读他的这本书,而是将其忘得一干二净。但他的《国富论》——我们喜欢引用其中的文字——却被奉为经典圭臬。原因很简单,后者契合我们目前的情感,表达了我们作为开拓者的世界观。从商业角度出发,这本书赋予我们一种看似可用的人性解读,即便我们都知道,这种认知是虚假的。我们坚持这种观点,并任由其将人类友爱、道德、自尊的根基悉数拔除。

自由市场的悲剧经常被提及。这是一出匆匆忙忙上演、思维自相矛盾的悲剧,由被大量外在机会所裹挟的、忙得不可开交的文明一手导演。对于人类遭遇的大量社会问题,自由市场给出的解决方案都太过简单。如果我们询问——正如任何时代、任何社会的人都会被迫询问一样:"个人的自私自利与其对社会总体福祉的关注是何关系?"对此,自由市场理论立刻给出了现成的答案。这种理论会告诉你,把这个问题抛在脑后吧,命中自有安排。先照顾好你自己的利益,之后其他人的利益便会惠及你。这便是开拓者们经常挂在嘴边,心不在焉说出的老生常谈,即一个人在面对自己应当承担的人的责任时,转求命运代替其本人来承担。

考察自由市场理论时会发现,尽管困难重重,但重要的是牢记其原来的本意是一种社会责任理论。自由市场理论并不支持人应当像猎食的动物那样从其他人手里夺取战利品。真实的情况恰恰相反,在宗教层面,这一理论主张人应当作为慷慨上帝的仆人。这便是其最初的理论建构,并始终被虔诚的冒险家们所信奉。这一理论推定,所有人都始终在扪心自问:"我如何才能够为慷慨的上帝做些事情?"但悲剧在于,对这一问题的回答,恰恰彻底消灭了意图回答的问题本身。"除了你自己,无须对任何人负责",这种理论认为,"忘了你的同胞,他们也会做同样的事,会像你一样变得强壮独立。倘若不是这样,他们对于人类来说就不具有任何价值。让他们和你一样,去寻求自己的利益。你对于整体福祉背负的义务,要求你在从事商业活动的过程中忘掉自己对于社会福祉的义务。对于这个问题的回答,说到底,就是不要再继续追究这一问题。"

在任何读过英国工业化相关故事的人看来,坚持上述理念,对人的品行所带来的灾难性影响可谓显而易见。在当前的现代工业社会中,这种影响依旧以令人感到恐惧的速度在不断发展扩散。也就是说,"在日常习惯中,不能关注个人最为关注的东西",是在将人分割为两个敌对的自我。在这种生活中,两套品行体系完全独立。首先,便是"礼拜日"才存在的宗教意义上的慷慨美德。对于无微不至照顾自己的上帝、命运乃至环境,人们心存感激,倍加推崇。这便是感知神的存在的品格。但是,其次,当每个人为了谋取自身利益苦苦挣扎时,"日常生活"中的独立品格——节俭、贪婪、自私——开始形成并不断强化。这两套人生态度背道而驰。在使人成为人的过程中,二者相互冲突。在现代社会,究竟何方最终胜出,似乎不言自明。"礼拜日"的宗教美德,没有任何行为加以落实,缺乏外在表达手段让其获得活力,变得愈发不确定、愈发不具说服力、愈发感情用事。"日常"的美德,在反复适用的过程中愈发强势,又因为受到恐惧、模仿乃至社会压力的激发,愈发有力、愈发具有主导性。反仆为主后,可怜的汉萨的悲剧在更广泛的空间得以重演。通过无情的拼命工作,这个文明的物质财富大大增加。然而,我们似乎同时失去了自我,让人变成了对其存在理由的最大讽刺。

我曾经说过,应从三个方面认识独立的悲剧。现在请允许我对其在我们当前工业社会中的表现方式略微说明。

首先,自由竞争的理论与实践,不可避免地会让人故意不负责任。没有比"民族国家"(the National State)与"商业公司"(the Business Corporation)更能彰显当代工业社会特质的机构了。两者的核心本质,都在于除了为自己谋取利益,根本不承认需要为人类福祉承担责任。这一态度,在波拉德(Pollard)所著的《美国历史构成要素》(*Factors of American History*)一书对民族国家的表述中体现得非常明确。他认为:"个人为了自己的信念或许要承担自我牺牲的义务,但政治人物显然绝不承担让国家走向毁灭的义务,因为他作为大众理性找出的信托人,其个人理性已经不再归属于他自己,并据此将国家奉上祭坛。"* 换句话说,每个国家,如其所实际建构的那样,寻求的仅仅是自身利益。国家统治者个人的理性,禁止其依据自身的这种理性来治理国家。对于国

---

* Pollard, *Factors in American History*, p. 229. ——原注

家而言，在其处理与其他国家关系的过程中，也不存在任何所谓的理性。其眼中的目标，仅仅是谨慎、牟利、扩张、致富。只有从上述人类目标出发，我们才必须尝试设立国际联盟来维护世界和平及各国友好的事业。但在如此之世界，国际联盟之流的组织，又会有几成胜算呢？

针对商业公司，至少从理论上来讲，所处情况的性质与此大体类似。我们的经济生活，为大量集聚的资本所掌控，而资本的经营者无法依靠自身的道德去关注社会福祉。他们被这些企业雇佣的原因，就在于可以用自身的工业技术与能力为之提供最佳服务。他们的任务——任何对于公共及个人的慷慨考量都不能对其构成干扰——就是为公司股份的持有者增加利润。公司，和国家一样，已被从理性、义务原则适用的问题阈中剥离出来。公司的目标就是变得更大、更有效率、更不负责任。正是在这些如狼似虎的存在面前，我们当代工业社会才必须想办法建构起一整套让人能够彼此尊重、相互帮助的社会秩序。但在如此混乱的社会当中,这种秩序又有多少希望可言呢?

其次,自由竞争的第二大特征,便是其所采取的"斗争"手段。商业手段,经年累月,愈发呈现出不择手段的冲突性质。我早已在此前介绍推销员行径的时候对此有所涉及。在我看来,非常令人感到惊诧的是我们在试图解决工商业争端时所采取的办法。例如,在劳工与资本之间永无休止的斗争过程当中,人类究竟展现出何种态度呢?难道这就是同一社会两个组别间的关系?我听说过,"商业"人士会为我们当中阶级斗争理论的日益滋生而感到悲哀。然而,从自由放任原则来看,这一理论完全是合乎逻辑的必然。"阶级斗争"并非舶来品,更不是一群奇怪的外国极端分子的发明创造。这本身便是美国商业观的核心视角。个人对抗个人,团体对抗团体,阶级对抗阶级,如此循环往复,永不停歇。如果自由市场理论是正确的,那么不同阶层之间的斗争就会继续下去,每个人都希望通过不断合纵连横,赢得这种已经变了味的商业竞争。自由市场理论,核心就是一场社会斗争理论。

最后,在自由竞争的基础层面,存在终结一切人类真正努力与聪明才智根基的可怖的宿命论。"船到桥头自然直,"我们的领导人说,"袖手旁观,无须制订计划,不要干涉经济宿命的不变法则。"而发端于独立原则,弘扬果敢决断地与命运顽强抗争之优点的论调,最终却盲目愚蠢地屈从于外在事物。人类混沌的悲剧,在如此循环往复中不断重演。单纯具有所谓独立性的人,在必须进行根本性的人类思考与计划的时候,再次选择了逃避。

回头看之前写的内容,我心里充满惶恐,害怕我所说的内容,会被拿来解读为意图描摹美国当下的情况。对此,请允许我多说几句予以解释。

第一,美国并非完全意义上的自由市场文明。自由竞争仅仅是美国经济生活的一个侧面,但美国人的生活并不以经济生活为主。建国伊始,如我所言,美国政府就在规范限制工业。目前,联邦政府早已放弃了消极不作为,转而积极发挥责任,为公共利益设定宏伟蓝图。与此相关,令人称许的是,那些接受过良好智识训练且开始研究公共生活问题的学者发现自由市场仅仅具有工具属性。他们清楚,这一体制并非恒久不变、不可忤逆的自然法则。他们可以发现自由市场的真实面目,它真的只是一种人类手段、一种人类探索,人们会对其加以尝试,从而考查其工作的成效是否良好。与之相对,还存在其他手段措施,在自由市场理论失效的情况下,可随时补充进来。并且,随着我们对上述手段措施优缺点的研究逐步深入,我们会发现命运并不依附于任何一种理论。我们必须自行决定,我们目前就在抉择,究竟该挑选何种经济生活范式。

第二，我所询问的问题，其实并不是经济性质的，而是道德性质的。在边疆地区的美国生活中，自由市场理论显然非常适合于外来移居者，并在很大程度上塑造、形成了我们对于人类本质及人类宿命的看法。我敢肯定，这在我们当中埋下了悲剧的种子。我们丧失了远见，并在很大程度上丧失了义务感、责任感，丧失了社会约束，丧失了面对宿命时对人类自由的坚持。我并不是说这种理论对商业经营不利，我只是坚持认为，在足以令人警惕的程度上，这会让那些可能是好人的人变坏。

第十二章

独立与新教主义

我要在门楣上写上几个大字,想入非非。①

被称作新教主义的人类态度,在思想层面,已经由沃尔特·白芝浩(Walter Bagehot)等人进行过相当精细的介绍。"从马丁·路德(Martin Luther)所处时代开始",他告诉我们,"一个人,可以通过思维过程,多少获得某种或深或浅的内心确信,思考出适合自身的宗教信

---

① 也有中译本将这句诗译为"我要在门楣上写上想入非非几个大字",国内译本众多,较新版本可参见〔美〕拉尔夫·沃尔多·爱默生:《自立》,蒲隆译,中国人民大学出版社2014年版,第1章相关部分。

仰,以及自己应当尽到的最高义务。"*

我认为,很明显,在这个方面,我们再次面对开拓者的经验。生活在陈腐、僵化、威权宗教下的人们,转投能够追问内心的真诚信仰。白芝浩告诉我们,独立,依然是占据主导性的情感。宗教生活的先驱,忠诚于使命,对个人获得自由、对反对威权、对个人能力的认知以及对自身命运的渴望,感到欢欣鼓舞。以为我的目的就是要贬低新教的优点或成就,显然是天大的误解。和所有真正的边疆开拓者一样,新教徒开启了某种旅程,突破了陈腐的壁垒,为人类文明的前进开辟了新道路。然而,到这一步,故事依然是个悲剧。新教兴起时,在人类事务中,"上帝的感觉"是非常强烈的。人基于义务、基于自己所效忠的某种高高在上的真实的推崇,思想并生活。但是现在,在新教国家——我认为主要是美国——

---

* Bagehot, *Physics and Politics*, p.176. ——原注

这种感觉却薄弱、模糊而不确定。开拓者的内心,在这里,再次与独立混淆,并最终幻化为一出更为酸楚的悲剧。

人类内心遭遇的混淆,没有比当代新教徒更为多元、更为纯粹的了。威权之下,绝无思想。人类只有自由,才能思考。外在的强制、外在的诱惑、外在的信念要求,凡此种种,相较于人类内心从事的工作而言,都堪称异类甚至对手。在这个勇敢的世界中,真理不停改变,每个人都必须根据自己的本性,寻求并践行自己的真理。然而这里就存在矛盾之处——没有权威,便没有思考。白芝浩告诉我们,人类在此领域承担义务,而且是所有义务中最高的义务。内心的本质,便是认识到自己承担的义务,而且需要服务于某项事业。真比假好,无论个人倾向为何,都会选择前者。事实必须得到承认。那些想入非非、异想天开、偷懒惰怠、迫于压力、出于私利的人,便是探求真理事业的叛徒。这一事业对我们所有人都提出了沉重且贪婪的要求。而且,不能没有权威。不服从权威,并不意味着获得自由,只意味着我们停止了思考。

强悍且蓄势待发的开拓者遭遇的实质悲剧,就在于其一直都在准备生活,却从未实际生活。而最大的问题就在于,将做好生活的准备误认为就是生活本身。正是在这个意义上,原本计划给贝莱特准备好锦衣玉食的汉萨,最终发现她已生无可恋,两个人的生活一去不复返。这便是新教主义最后阶段日益鲜明的悲剧。现代的民主派,大体上已经赢得了外在独立的苦战。新教的不同教派之间也大体上实现了相互容忍。我们可以自由思考,思考上帝和人类自由,思考人类精神和人类命运。但是,现在这些胜利都被证明是空洞的。上帝、精神、自由,都已经在这一斗争中失去了自己的意义。那里已经不存在让我们思考反对的权威,让我们试图摧毁的、为我们所痛恨的外部权威。因为单纯的混淆,我们彻底摧毁了人们所钟爱的内在权威。我们显然没有发现二者之间存在的区别。在为了争取精神自由而与外界冲突的狂涛中,我们丢掉了思考不可或缺的内在约束感。请允许我使用此前描述地理边疆及经济生活的三个论题,对此加以说明。

首先,宗教开拓者不负责任!新教自由派人士宣称:"人人都有选择思维方式的自由。"如果这种说法针对的是不受外来干涉的自由,显然无比正确。但从内在的视角来看,没有比这个更虚假的表述了。人在寻找真理时,无时无刻不在遭遇限制和义务。某些想法是正确的,其他的则可能是错误的。在没有找到相关证据支持前,任何人都没有权利接受任何意见。在没有合理原因的情况下,相信真理的上帝,是对这样一个上帝的侮辱。轻信绝对不是优点,这也是所有精神缺陷中最为邪恶之处。除非有冷静、公正的根据,否则没有人有确定的权利。我们"在按照自己的想法进行选择时"并不是自由的。我们必须正当地思考——诚实、明晰、准确,充分尊重事实,耐心、冷静地批判所有方法、所有结论。在思考过程中存在权威,存在义务,并且是所有义务当中最高的义务。也就是说,考虑到让每个人自由选择信仰,会导致思维过程陷入整体无意义。这使得智识方的独立成为对自由的嘲讽。

外在反思的成功之路,势必导致爱默生曾深刻揭示过的内在挫败:"我要在门楣上写上几个大字,想入非非。"白芝浩给我们描绘了一个人人争相寻求真理的社会。每个人独立工作,不断强化内心,磨炼自己的能力,接受严格训练的生活,致力于智识上的追求。这也是爱默生的梦想。人类精神适当工作的图景固然令人感到群情振奋、欢愉无比。但这种美梦难道会成真吗?难道宗派林立的新教,是热切探究自由的乐园吗?他们是否会鼓励对于宗教问题的大胆、独立研究?写在门楣上的"想入非非"难道不才是真实的吗?难道问题不是被担心,疑问不是被痛恨,盲从不是被鼓励吗?难道这种无原则、随波逐流的盲从,才被视为最佳的优点吗?

在我的学术生涯中,没有什么比"信仰的意志"(The Will to Believe)①这一概念更加自欺欺人、更加自我沉迷、更加令人感到沮丧的了。这一概念的通常解读和用法意味着,任何人都可以选择适合其相关目标的内心确信。相信上帝会让我感到快乐,因此我选择相信。相信宇宙会照顾人类价值观,可以让我获得精神方面的健康及安逸,因此我选择相信。相信接受我周围其他人相信的信条,可以让我走得更加顺利,可以缓和社会冲突,因此我选择相信。一旦教会导入这种态度和思维习

---

① 应该指美国著名哲学家威廉·詹姆斯于 1896 年发表的同名演讲,当代英文版可参见 William James, *The Will to Believe*, Book Jungle, 1988;中文版可参见〔美〕威廉·詹姆斯:《信仰的意志和通俗哲学论文集·人类不朽》,中国传媒大学出版社 2016 年版。

惯,毫无疑问,就会有对此持敌意的人提出,宗教"不啻为人民之鸦片"①。此类习惯的确毒害心灵。它们彻底摧毁了新教从一开始就大肆宣扬的崇高的精神独立,使其在相对于义务的关系层面,变得不负责任。也就是说,教会已经丧失了对上帝的感觉。群体性异想天开的服从,并不是寻找真理的适当方式。若不承认智识上的义务,就没有思考的自由。

其次,如果相信不同的教派可以随便不负责任,那么它们的相互关系就一定和战争关系没有差别。假设,两个不同教派针对人或上帝的看法截然不同,二者大相径庭。根据逻辑法则,二者不能同时为真。如果两种看法都成立,就意味着二者皆不成立。和平解决上述矛盾

---

① 原文应为马克思在《黑格尔法哲学批评》中提出的"宗教乃人民对实际困苦之抗议,不啻为人民之鸦片"。参见中共中央马克思恩格斯列宁斯大林著作编译局编:《马克思恩格斯选集》(第1卷),人民出版社1995年,第2页。

的方法,就是相互合作、共同探究。如果人能够每天和平地共同思考:"对于朋友有理由质疑的任何观点,我都不能认定为真。"那么面对共同的问题,每个人都能各自独立思考。在这样的探究过程中,任何佐证都不属于"我自己",而是属于"我们大家"。但新教教会即便在其最为宽容忍让的历史阶段,也缺乏此类和平协商的态度或氛围。容忍能够提供的不是和平,而仅仅是外部休兵。据说伏尔泰(Voltaire)曾就当时的自由主义所主张的宽容发表过最为大胆、最为睿智的名言。"我不同意你的观点,"他说,"但我誓死捍卫你说话的权利。"从外在角度来看,这一表述非常重要。在政治与宗教语境下,它赋予人以外在的自由。但在人与人的内在联系中,隐藏着一种可怕的担心,这就是人的思考,也只能基于相互误解与不同意来进行思考的事实。这是对人与人之间的理性合作彻底绝望,使得内心信念变成了一种没有也不希望具有共同而有效基础的私人财产。同样,伏尔泰还曾说过:"即使没有上帝,也要创造出一位上帝来。"这种表达的含义主要在于他对人类内心的鄙视。对于持这种态度的人来说,信念,只不过是一种虚构,是为了满足多变的目的,本身缺乏共同的基础,更无法进行共同的校验。人类的思维过程,并不是寻找真理的过程。相反,它可能成为彼此交锋不止的冲突观点的泥沼。这些观点之间根本没有办法也没有希望终止这种交战状态。反倒是"想入非非"成为主流。完全不存在共同理解这回事。

最后,"独立"类型的民主派,没有真正的真理测试可用,只能相信依靠命运来解决自己的问题。和自由市场一样,这些坚韧独立的开拓者,在面临最终问题的时候,被再次认为缺乏独立性。一如既往,他们选择了逃避。如果不同的观点之间彼此冲突,迟早要在其中作出选择。如果人没有办法作出理性选择,怎么办?"独立的"思想者给出的答案一般是:"时间会告诉你。""真理一定获胜。"但是,他们真正的意思是:"获胜的才是真理。"他们不需要聪明、善意的相互批判。让每个人都为自己的想入非非而奋斗!让每个人都为自己代言。至于他们之间的决定孰是孰非,命运会照顾好一切。

宿命主义对目前我们反思人类问题所造成的悲剧,程度不可估量。它使得人类的观点沦为对世界的一种单纯的私人反应。这种反应缺乏考验、缺乏义务、缺乏坚持。它们什么都不做,它们就是自己的样子。它们是迄今为止的幸存之物。但如果说只要存活下来的,就代表真理,显然对于不断遭遇的问题而言,缺乏可供使用的测试标准。如果要求我们在生活或行为的不同理论中作出选择,"生存"的测试标准显然于事无补。因为相关理论都存活下来,它们在这方面十分类似。假如我说,"但是在未来,其中一种理论一定会击败另外一种理论",这一点在我看来并无意义。进一步而言,等到未来迫近之时,我将再次孤立无援,只能寄希望于现在还不为人所知的未来。这样一种自然主义将会彻底毁掉思维过程,会将人吸入盲目而缺乏反思的自然过程,使得思维过程沦为外在事物的无助的漂流之木。世界成为征服者,人的精神则被击倒在地。当命运、上帝或者环境来做人的工作时,人将无事可做。如此一来,至少从理论上来讲——实践更是如此——"人类的独立内心"将停止工作。

我希望有关新教的错误,以及其所蕴含的实质悲剧,不会被解读为一种缺乏关系或包含敌意的态度。我自己的感受相去甚远。在我看来,影响最大的莫过于生养我的一个信奉基督教长老会的家庭。我从小便被告知,"人的宿命",便是"见光荣的上帝,并永远生活在天国"。受作为苏格兰文化基础的《圣经》和彭斯的诗集影响,我本人无法放弃感情与尊重。

我必须,也的确在宣称,在地理开发、商业抑或宗教中,将个人独立与社会自由混为一谈的开拓者,必然面临悲剧的结局。我所追问的,并不是回归独立,并不是重新建构被新教所颠覆的外在权威。在这一点上,新教主义的胜利堪称西方文明三百年间最为伟大之胜利。但是不管说这个还是说那个,在过去的三个世纪当中,我们一直关注的是外在或客观方面的生活。我们不断发展科学技术。在外在或物质世界,我们赢得了自身的独立。感谢笃信新教的开拓者,我们在很大程度上可以自主判断行动或思考。但现在,我们需要面对另外一项任务。我们必须善用已经争取到的自由。我们必须建设一个自由的经济生活。我们必须运用我们的内心,不能胆怯、不能消极、不能屈从于信条,而应当大胆合作,积极寻求真理。人类外在的独立性应当最终取得胜利,但是争取精神自由的任务依旧躺在我们面前。在面对未来的任务时,稍显苦涩的事实或者更具影响力的悲剧因素,便是对自由的误解恰恰又可能成为奴役我们的威胁。

第五部分

民主的精神

第十三章

民主之意旨

> 肉体有如过眼云烟,
> 精神乃是神之眷顾。

本书前文已经提到,如果无法将其作为民主生活的一个断面,就无法正确理解自由。只有在彼此平等友爱时,人才能获得自由。由于这一表述是在我们考查误将独立作为自由的错误时所作的,因此现在是时候重返正向论述,尝试界定在民主生活中,自由到底是什么。

为了这一目的,很显然,我们必须就民主的含义达成共识。我们必须赋予这个最为重要的社会概念以明晰、稳定的意涵。

我个人对于民主的理解是,它是一个所有成员皆能真正参与共同事业的社会。首先,这就意味着,这个团体有需要完成的事业,还意味着,在达成目标的过程中,所有人都能积极参与、各负其责。

现在,很明显,这一定义让我们直面暗藏于所有论辩之下的一个关键问题——这是否意味着美国本身也有自己的目标或者矢志不渝追求的东西?这是否意味着一个国家应当具有全民共同坚持或者摒弃的精神生活?如果不是,一切民主或其他社会生活都将看不到任何意义。在社会团体生活中,除非发现占据主导地位的意图或目标,再用其作为评价的根据,判断与之相关的外在行为是对是错,否则,在我看来,为这一团体设定蓝图毫无意义。理性,作为人类生活的导引与批判,与问题的答案一道成立或不成立:"我们作为人,试图要做的,究竟是什么?"

正是在社会历史中这一最为关键的要点上,我认为本书的核心观点大体正确。在我看来,对生命的内在与外在解释进行的区别至关重要并具有决定性。直截了当地说,如果从外部层面来看,国家生活如无一以贯之的唯一目标,就会显得混杂无序。如果从另一角度,即内在层面来看,根据人及其理念来判断人的行为,那么任何团体的生活都可以被视为在同一目标引领下的同一单位。对那些将社会视为欲念及利益乱象丛生、缺乏任何共同原则的人来说,社会行为显然只是为了舒适安逸。相反,当社会团体的成员知道自己是在——无论成功与否——积极追求真理、公平、正义、乐善好施等,组合在一起才有意义。外在的世界,或者说,用外在的话语界定的世界,是多元的。内在的世界,从其本质来说,追求的则是统一性。其具有试图前往的方向感。在任何时候,成功还是失败,都需要从这一单向的关系中作出判断。

这里提到的问题非常晦涩,同时,也极具决定意义,因此我认为,我们恐怕必须暂时搁置试图界定民主的努力。我们必须首先面对一个更为深层次的人类问题。整体而言,人类生活是否具有某个自始至终贯彻的目标,从生到死?能否将人的一生解读为奉行某种主导性的理念?如果答案是否定的,我认为,研究民主和自由就变得毫无意义。但如果答案是肯定的,我们就能获得据以界定民主的原则,自由也便获得了意义。因此,我们必须请求读者一起调查人类活动,从而确定我们是否能够发现任何主导性的目标。

如果我继续列举人们所取得的成功或遭遇到的失败,毫无疑问,我的分类应当被理解为意图对此进行精确的描绘。我希望追问的是,如果可能,千百年来推动人类塑造自身与其社会的内在推动力究竟是什么。为此,我将开诚布公地选取最符合个人预期的行为,在我看来,这些行为最能清楚明白地彰显人类素质。同样,我还将直截了当地强调我们所取得的成就,以及我们希望达成的目标,而非我们犯下的错误或者罪行。我的目的是,在力所能及的范围内,揭示人的内心及意愿。

如果以这种形式追问,那么人类生活的记录,就可以被视为一长串的开拓创新。各个年代的人们,利用自己的身体、自己的意愿、自己的聪明才智,将其一一实现。而且,他们还在一直努力,试图完善自己的行为方式。无论如何,人总是无法对自身感到完全满意。说到底,人们总是努力改变现状,以达成自己可能实现的更好的目标。从类型化角度区分,人是一种不断创新的动物。

那么,人究竟创造了什么?作为这一问题的回答,我将随意列出一个内容庞杂的名单。

首先,我们人类发明了农业。很久之前,早期人类还只能徒手或者使用木片碎石刨土求食,现在,人类已经能够为自身提供种类繁多的大量食物。基于永无止境的聪明才智与技术手段,人类首先发现自己想要什么,其次找到了满足自己需要的手段。逐渐地,人类作为主人,开始能够掌控植物世界,让自己吃饱吃好。

其次,我们人类发现了驾驭自然力的方法。很久以前只能依靠自身力量推拉移动自己及其他东西的野蛮人,现在已经将外在或物质世界彻底为己所用。人类发明了车轮,学会了生火、筑路、造车。他们建造出生产、运输货物的机械装置。在此方面,人类所展现出来的天才与坚持,可圈可点,激动人心。

再次,我们人类设定了社会秩序,或者说,诸多的社会规范。我们创造了住房、教堂、学校、出版社、国家。我们形成了习惯及法律,以及各式各样的权威。我们组建了工厂、办公室、食堂、工会等数以百计的组织。我们创建了人类社会,虽然还有很多事情尚未达成。

复次,我们人类发明了科学、哲学、文学及音乐。我们开发出了宗教及体育竞技。我们尝试诠释自己,以能够发现自己的不同方式来表达自己。人类发明了向自己及他人宣称在自己的世界以及从自己本身发现了什么的方式。

最后,人类最伟大的,使其他一切成为可能的成就,便是发明了语言。起初,面对扑面而来的残暴的、无意义的事实,人类学会了用语言及其他象征加以诠释。在这样做的过程中,人不仅改变了自己所接触的"事物",还改变了自身。语言的发明,最为真切的意义,便是人类重塑自己的本质。随着语言的投入应用,催生了另外一项人为的创制。人类这种动物开始拥有了内心、精神、意愿。通过文字,人类发明了第二个自我。

现在,对一个种族的奋斗故事匆忙间做一个简要的概括,其间究竟哪些是我们希望发现的?人们一直努力争取自由的出发点,究竟是什么?他们一直试图开拓的道路究竟指向哪里?我们如何才能明确标注串联着上述一个又一个问题的内部脉络?难道是人类目标吗?

我现在希望反复强调的观点是,如果从外在的视角来看,人类世界似乎存在诸多目标,但如果从内在的角度来看,这些目标又似乎统合为一个宗旨。精神所处理的"事物",或许杂乱无章、毫不确定、充满偶然,然而处理这些事务的精神,却可以在有序、连贯、统一的原则主导下转化为行为。如果此言为真,在没有严格限制条件的情况下,说这个世界是一元的还是多元的,就变得形同废话。两种观点都是真实的。每种都存在其成立的场域。核心要点在于,我们应避免将其混为一谈。

毋庸赘言,多元的外在真理论,极大地影响了目前的美国思维。这属于一种科学观点。当科学试图了解至今未知的事物时,其"事实"的本质必然是"多样和偶然的",而不是"必然和普遍的"。被人类探知的世界,必须给人持续不断的惊喜。对于发现者而言,世界应当是任意的、多变的,应当充斥着前所未见的奇异属性与不可预见性。任何新发生的现象,都会带给这个世界以新的知识、新的问题、新的机会、新的目标。生活绝对不是某种单一的、已知的理念或某种唯一的主导目的的表达。相反,生活是连续不断的改变,是一系列全新的无法预见的事态。

186

这自然意味着在事情发生之前,基于先验性的原则认定"事实"是什么或者意味着什么,是不"科学"的。在调查前便要了解你所要调查的真相,属于教条主义。仅仅依据从既有经验中总结出来的原则或目标解读新情况,属于伪传统主义。我们必须边走边学,我们不能先知先觉,我们不能将传统的信念强加于一个外在的客观世界。在处理"开放"世界的过程中,我们必须打开心扉,必须采取科学和实践的做法。外在或物质世界的事实,一定是多元的。

但是现在,双重真理观的奇特矛盾属性体现为,无法在不承认我们内在思维的统一性的基础上,主张外在或物质世界的多元属性。实验态度显然会认为"事件"

与"事物"多元且多变。但其在这样做的同时,还明确宣称内心活动具有单一性。这就使得我们在处理外在事物时,不能说"必须",或者"必须不"。但"禁止"行为本身就是一种"必须不",是对内在生活中的必要性、权威、秩序原则的断言。据我了解,没有什么比宣称并推行"你必须秉持科学思维"更应积极加以推广的哲学原则了。这一要求适用于任何敢于闯入我们这个危机四伏的困难世界的人。这种适用具有强制性,不容妥协。在一切探究开始前,这都是静候我们的必然原则。其所讨论的内容,包括"必须"以及"应当","正确"以及"错误","真实"以及"虚妄"。其所作出的结论,表达的是赞成或谴责的态度。应明确表示支持接受这种单一的主导性论点,而不是像脑袋发热的实验主义者那样坚持必须进行思想"试验"。这便是"科学的思维习惯"告诉我们的一切。他们要求精确、彻底、循序渐进、大胆假设、小心求证。这便是任何人在思考时应当担负的义务。对此我们无可逃避。无人不在贯彻唯一且不曾改变的目标——人类试图更好地反思这个世界。概言之,对于外在或物质世界统一性及权威性的否定,建立在坚持思维领域统一性与权威性的基础上。

对我们的讨论而言,现在强调"实验方法"的主导性原则的意义在于,这使得所有人类的调查,在所有时代、所有地点,全部融为单一过程的事实。这对我们心理活动的影响,堪比耶稣与苏格拉底对我们的选择及价值观所产生的影响。如果这种观点为真,那么所有从事探究的人必须让自己认同"实验性调查"原则,并将其作为判断所有人及所有团体的标准。这便是普世及必要的法则。我们都在从事同一智力活动。作为这个共同事业的一员,每个人、每种文明都可以被评价。我们可以据此评价幼童、野蛮人、大学毕业生及自学者的智力素质。我们可以对牛顿、达尔文、康德、莎士比亚等智者品头论足。我们可以对银行家、极端分子、爱国者与多愁善感者贴上满嘴谬误抑或真知灼见的标签。作为思想者是成功还是失败,取决于其思想过程是否"科学"这个统一的标准。简而言之,人类思维,从内在的角度去看,是一个统一的过程,朝向的也是其所努力的方向。所有人,在其看来,都在朝着这一方向奋勇前进。他们共同从事这一事业。他们所组成的社会,从学术角度来看,具有社会秩序。

此前仅仅适用于"科学"活动的观点,其实同样适用于人类从事的其他活动。在人类发展的各个阶段,所有被视为人类活动的行为,都具有共同的方向,以及沿着这个方向所预期达到的共同目标。我列出了人类活动呈现多元样态的五大领域。下面还请允许我非常简洁地指出主宰所有这些发现的共同目标。我将用两个而非一个原则来说明,同时我还希望指出,这两大原则是同一意图的两个不同方向。同样应当指出的是,此前提及的"科学"活动,作为我们无所不包的精神事业的一个面向,具备其自身的合理位置。

我们凡人在评价彼此的时候——无论是推崇还是鄙视——首先适用的测验标准便是:我认为。只要是人,就应当对自己的生活有所认知,对影响其经验的质素非常敏感。人类的原罪之一,便是愚钝。人类世界的存在,要求我们是作为内心,作为意愿,作为精神的存在。这样能够让我们获得多种多样的美感体验。它为个人大施拳脚提供了行动场域,并给我们提出了难题与困惑以挑战我们的智慧。面对这些,有一种方式可以明确毁掉一个人的生活。这便是愚钝——简单点说,就是观察不到、感受不到人类生活的可能性。并且,在另一方面,建构生活的唯一道路,就是睿智性。生而为人,就要去感知世界。

如果有人质疑刚才我所作出的论断,那么就请对比莎士比亚的遣词造句与我们平常的懒散言谈:

> 玫瑰花很美,但我们觉得它更美,

因为它吐出一缕甜蜜的芳香。①

这种表达,凭借其细致入微的感知力,极大地感动着我们的生活。在人类语言表达方面,上述词句可谓登峰造极之作。通过人类天赋敏锐的感知力,作者捕捉准确的含义,选用精准的修辞。但与此形成鲜明对比的是,我们目前日常粗鄙的语言,似乎仅仅是为了避免存在人类精神而刻意为之。我们的语言无力、无味、千篇一律,只是将可能的含义一股脑抛出来而已。在表达方面,它们只能被视为得过且过,最多仅仅表达了没有积极投身人类生活的懒惰内心给出的一种死气沉沉的判断而已。

---

① 出自莎士比亚的十四行诗第五十四首。国内相关译文超过十几本,此处译文参考了梁宗岱的译本。参见〔英〕莎士比亚:《莎士比亚十四行诗》,梁宗岱译,华东师范大学出版社2016年版,第117页。

同样的对比还体现在建筑领域。位于鲁昂(Rouen)的圣旺教堂,就是足以激发人类最丰富、最深刻精神经验的建筑范例。其内饰的每一处线条、每一块色彩、每一寸空间,都在吟唱令人推崇的激情与美妙。去观察,去感知,就会深深融入什么是信仰的理解当中。这里,人类行为的质量再次达到顶峰。但就在距离鲁昂不远的地方,同样可以看到人类生活中最为阴暗的一面。这里的人们居住的茅舍,设计之粗鄙,简直就好像要让他们变蠢变笨一般糟糕。这些地方根本不适合人居,本能的反应只能是逃避生活,有意无视其丑陋之处,拼命抵抗人无法摆脱的残酷生存环境。教堂的目的是挽救和创造,而教会所希望构建的社会秩序——对此教会同样需要承担责任——却是让人无法作为人继续生存。从诞生之日起,人就被宣判了死刑。

相同的对比还可以在其他令人敬仰的场域中发现。一方面是面对死亡压力的苏格拉底,依然激动不已、满眼笑意、如饥似渴地质疑追问。另一方面则是金融界的投机者，因为所做"交易"的肮脏不堪，以至于不敢让自己全身心投入其间，只能在闲暇之余，用原始无聊的娱乐麻醉自己的思维。这便是人生品味优劣与境界高低的不同。

192　　对生活开创性的第二个测试标准，我认为，便是智识。其包括但不限于我曾经谈及的作为品味对立面的"实验方法"。人不能仅仅去感受这个世界、品味其质素，还必须诠释自己的感受，善加理解，并为了满足其中蕴含的目标，将其编制为一整套能够赋予秩序与连贯性的观念体系。在此，我们再次有得有失。一方面，是逃避脑力活动的单纯偷懒。我们所有人，都在某种程度上，逆来顺受，从不尝试透过现象看本质。但在另一方面，像苏格拉底、耶稣、林肯、甘地、达尔文、牛顿、莎士比亚、列宁这样的精英，是在真正地用心生活。他们拥有的想象力超越了当下的经验，他们纵横寰宇去探究经验所揭示的深层次意涵。在探求真理方面,他们矢志不渝,积极进取,而在判断方面,则冷静客观。他们将自身完全奉献给各个时代一以贯之的伟大事业,从而实现自身的目标,与此相关,无论个人取得了多大成绩,都只能为人类生活提供些微的贡献。因此,他们的内心,在试图进行正确思考时,的确被耐心、渴求、欢愉、公正等情绪所把控。在创造的意义上,这便是人的生活。如果不从事这样的活动,他们过的就不是人的生活。

目前,我们至少已经通过论证接近了意图达到的目标。外在生活观与外在或物质世界观的核心问题在于:其本身不具有任何意义。如果一个人穷其一生就是为了追求物质财富,那么到头来他会发现自己的生活蠢不可言。如果国家将获取财富与霸权作为自己的目标,那么在这种缺乏实际目的、缺乏连贯性且具有自我毁灭性的获取过程中,这种所谓的目标也将渐行渐远。外在或物质世界,本身就没有任何意义。这就是为什么日益外部化的美国人的思想境界给我们造成了如此多的痛苦与混乱。不是因为我们缺乏渴求或慷慨的精神动力。相反,在我们这样诠释的世界中,动力似乎摆错了地方而注定是愚蠢的、冲动的、误置的。这绝对不是人类应当从事的人类事业。另外,如果当人类精神开始能够认识到自身的素质,如果可以为了丰富、扩展这种素质而尝试主导世界及其本身,那么整个世界及其个人所从事的,就变成了各个时代一以贯之的伟大事业,在这个过程中,个人乃至国家都能找到自己的理想位置。人类的精神具有方向性。赋予这一方向以意义,就使得自己变成了人。在作为人生活的过程中,我们应当携手致力于从事那些有价值的事业。这就是精神生活的意涵所系。

如果说民主是精神原则的必要,那么刚才所言的一切,或许都需要用其他话语来转述。这根本无法适用外在的、实质性的概念进行告知。这是享乐主义者无法理解的福音。外在目标、客观方法、物质理念完全占据了这些人的想象力，他们对生活的看法，针对生活的行为，都不可能具有民主性。美国人此前使用的科学技术，在很大程度上动摇了美国社会赖以建构的民主基础。他们这样做，不是因为想这样做，而是因为我们对其进行了错误解读，任由其失去控制。民主不是一群试图满足私欲的躯体的杂乱集合，而是由共同理想信念与共同推崇的目标作为纽带联系起来的多数人的精神统一。无论过程中的每个人生活得如何多元，如何变化，每个人都知道自己的目标和其他人是一致的。对于任何民主，核心的评价要素便是，在所有成员精神生活中，单一的精神目标是否占据了主导地位。

第十四章

民主与贵族政治

你瞧那个叫作老爷的家伙,
装模作样,大摆大摇,
尽管他一呼百诺,
尽管他有勋章绶带一大套,
白痴还是白痴,
管他们这一套那一套,
一个有独立人格的人,
看了只会哈哈大笑。①

---

① 这首诗是罗伯特·彭斯创作于 1795 年的《不管那一套》。本文的翻译主要参考了该诗的王佐良译本。参见王佐良:《王佐良全集:第十二卷》,外语教学与研究出版社 2016 年版,第 105—106 页。

在前面一章,我将民主定义为"所有成员皆能真正参与共同事业的社会"。现在,我认为,我们可以进一步深入阐述这一界定。

必须要说,民主社会中,所有成员都具有精神意义上的生命力:他们就像人应当做的那样,积极进行理解、进行观察。如果将其和截然相反的社会观——贵族政治——相比,这一陈述的意涵将体现得更为明显。我认为,贵族是指那些因为种种原因,坚信真正的人类生活实属常人难以企及的人。无论是因为缺乏能力,抑或是缺乏适宜的环境条件,"他们"和"我们"不同,算不上真正的人。下面,就请允许我尝试说明上述两种不同的社会体制。

如果此前的论证成立,那么民主始终在和愚钝做斗争。在任何情况下,民主都倾向于睿智,永远都在和愚蠢作战。其压倒性的雄心在于建构全社会上下富有洞察力的智慧。民主发端于人类的伟大领袖。如我所言,它曾展现在诸如耶稣、苏格拉底、林肯、甘地、达尔文、牛顿、莎士比亚、列宁等伟人面前。这些人影响至今。他们就是行动着的人类精神。他们通过成功地扮演自己,向我们展现了什么才是真正的人。而民主的目标,便是社会的每一个成员都应竭尽所能,和这些领袖一道分担这项共同的伟大事业。如果无论男女,无论老幼,在睿智与聪慧方面确定能够得到成长,那么只要所有社会成员都能发展这些素质,社会秩序便是民主的。所有人都将获得永生——这便是福音。如果有人无法获得这种永生,那么我们便失败了。这便是对民主的界定。只有与此联系起来,我们才能更好地理解自由。

现在,"贵族"一词已经不再为我们所用,而这也成为当下美国人精神错乱的一大表征。我们认为,这种对于生活的看法早已消失不见。当我们谴责王权爵位时,贵族政治也被彻底摧毁。但如果真的对此信以为真,显然纯粹是肤浅的荒唐之举。在当今美国生活的任何历史转折点,民主事业都受到了人们对于贵族政治的态度及偏见的阻碍与干扰。如果考虑到欧洲盛行的专制,我想,我们美国人是相对自由的。但如果考虑到我们所面临的威胁,对我们的政治体制过于天真,就显得颇为盲目且毫无戒心了。下面,就请允许我稍加解释。

没有哪个民主主义者愿意看到一个人在地球上生活的有限时间当中,从未被美所触动,被意义所感动,被令人费解的混乱所挑战并唤醒。另外,贵族体制,为少数人留存了这一感受。一般来说,其将社会分为两个族群——身处上层的少数人像人一样生活,身处下层的大多数人则像羔羊一样生死由命。前者往往有过思考、欣赏、计划、指导、承担责任的经验。而这根本不属于后者。后者只是一些被监护人、随从、奴隶、傻瓜、劳工、低能者罢了。他们无须清楚自己到底在做些什么。他们无法理解价值;他们不会为社会秩序谋划蓝图;他们不会经年累月矢志不渝地去尝试理解及掌握这个世界。

他们的存在,只能用消极的话语来概括——服从、服务、被照顾。事情都是为这些人所做,而非由这些人所做。他们只能像牲口或庄稼一样,被更优秀者照顾。但在他们的生活语境当中,并不存在基于自身的睿智及聪慧实施行为、照顾自己及其他人的问题。他们只是一群行尸走肉而已,根本谈不上拥有什么精神。

和这种对于我们美国人信仰誓言的贵族化否定不同,亚伯拉罕·林肯对于民主原则的宣告,言犹在耳。他提出的政治纲领,即"民有、民治、民享",将永存于世。这一宣言告诉我们,任何人都必须参与到自我指导的政府活动中来。这并不意味着让年轻人承担其尚未做好准备承担的责任。这并不意味着要像对待正常、健康的人一样对待精神耗弱乃至失常的精神病人。这也并不意味着每个正常的成年人都必须过上健康正常的生活。他应当真正活着。他的生命不能仅仅都是欲望及占有。生命,应当是对目标、理想与担当的坚持。

如此说来,这一问题在我们日常生活中无时不在。在围绕工业民主的讨论过程中,其出现得似乎尤为迫切。大规模的工业生产,追求的永远都是更高的效率,最终将不可避免地导致控制权、指挥权落入少数人手中。在这些管理者的手下,其他人——成百上千——都只是"受雇"完成被交代的工作而已。他们进入工厂、矿山、办公室中从事劳动,并不是认为这样做有价值,而是为了——也仅仅为了——获得酬劳。总体而言,哪里报酬高,他们就会涌向哪里。而这也就意味着,在很重要的意义上,他们是在出卖自己。他们在经营方面具有的功能,就是作为其他人的工具。除了为完成特殊工作进行专门技术训练,对其受雇工作的所有影响,目的皆是让这些人的头脑变得愚钝麻木。应当生产什么商品,如何生产这些商品,应当销售到什么市场,如何组织工厂来选择并落实上述目标,都不会征求这些人的意见。他们的工作是买来的。除了工作,企业对他们毫无意义。他们根本就不是人,只是人形机器而已。

现在,民主所面临的问题,并不是工资的高低与否。它关注的不是更好的劳动条件,甚至也不是更短的工作时间。问题的核心在于,只要人是单纯"受雇"劳动,民主便注定失败。这绝非一个自由社会中完成工作的样子。这样的工人,在和其工作相关的层面,只能用奴隶来形容。能够获得智慧与灵性的所有态度与行为,被从他们身上悉数切割殆尽。从另外的方面来看,这样的一种安排或许会被认为属于必然。但如果要这样判断的话,显然不能无视一个重要的事实,这便是我们因此取得的经营所得代价不菲。这种代价在于大规模否定人类生活,彻底摧毁民主。在人的损益表上,如果将为贵族提供其所购买之服务的"工人"带来的整体退化与愚钝一笔勾销,显然会导致工业方面的收益暴增。

民主与贵族政治之间的问题,绝对算不上什么新鲜玩意儿。自从人类发现自己属于一种精神意义上的存在，便开始从内在话语角度要求民主。他们表示，人不是"物"。物是手段，尽可以随心所欲地使用。但你却不能这样去使唤自己的朋友和亲人。这种表述意味着什么？我们已经从人类的一长串创造中发现，人将其所获得的一切对象，按照自己的意愿处置。人类改良作物为自己提供食物，驯化动物为自己提供劳务，将空气、水、火、电，悉数掌控在手。人类开掘矿藏，并将其冶炼成任何为己所用的形态。概言之，人在利用自然。但是现在人类自身也成为自然中的一种"事物"。并且，从有用性层面评价，人类位居所有物的第一位。木材、煤炭、火、电，均无法企及人类自身蕴藏的适用性。人体作为一件劳动机械，随时能够投入使用，在适用性、精巧性等方面，完胜任何人类梦想发明的机械。没有人，什么机器都没有用。如果缺乏人类劳动的加功，一切本来可以服务于我们之目的的对象，都将变得毫无用处。因此，我们必须利用人类的身体，而在可用性的层面，人类的内心仅仅是特定的身体活动而已。但在这一点上,老派民主主义者表达了自己的态度。他们会告诉我们,你不能像使唤牲口那样使唤人,不能像买卖木材或食物那样买卖人。这些民主主义者意欲何为?难道他们是在说,人不应当具备有用性,不应当从事贯彻人类事业所需要的活动?当然不是!他们所表达的意思是,尽管人是"物"——肉体躯壳——但并非仅仅如此。人还是尝试在宇宙间创造睿智与聪慧的精神。他们提出,这一方面的人类本质才是无比重要的。我们需要实现的人类经验质素,是所有计划中最为重要的部分。对于任何社会安排而言,唯一重要的问题,便在于其所塑造的究竟是什么类型的人。我们当然必须关注财富是否增加,同时,我们还应当在必要的范围内让人获得幸福。但这些都是次要的问题。人类所有努力的核心目标,在于让男女老少都能在创造性地积极分担人类精神事业的过程中增长智慧并升华境界。在自然界中,没有什么"事情"能够匹敌精神。而这也是二者的根本不同。精神具有一切物所不具有的价值。物可能会用来服务精神,但精神却绝对不会臣服于物的统领。其本身的品质,即在于人类所有努力的最终评价。

作为美国人生活基础的自由原则,我敢肯定,属于一种意义极其深远的概括,可以与耶稣说的"又要爱邻舍如同自己",以及苏格拉底所言的"未经省查的人生,是不值得活的"并驾齐驱。其在事实上营造一种社会哲学的角度,整合这两种相对个人的原则。以此原则为基础,可建构起一种社会机制。据此,所有复杂多元的人际关系都被赋予秩序和理解。其告诉我们的人类自由,绝非外界环境赐予的礼物,而是人类努力实现的目标。其所传递的信条,绝非人应当为了生存而放弃自由,而是在精神控制肉体的层面,人类的生活应当是自由的。这就要求我们的所有行为,无论本质上多么外在客观,我们都应视之为人的行为。这才是我们最为珍视的人类品质。美国所制造的都是些什么样的人？这才是真正的问题，这也是耶稣、苏格拉底追问的问题。只要人类精神突破困顿迷思，瞥见自身本质，这一追问便浮上前台。我们在历史上经历的挫败与取得的成就之背后，这一洞见贯穿美国人生活的始终。从中可以发现我们的国民生活中一切有价值、有意义的存在。我们必须遵从贯彻。从这一义务的视角来看，公正地讲，我们美国人的生活，还没有正式开始。我们最为迫切的任务，就是学会了解自己。我们虽然发自内心地遵守某一原则，但对于这个原则究竟是什么，无论是从理论层面还是从实际层面，都只是一个模糊片面的认识。一旦发现其含义，我们就可以认识到自己的观点。在这种发现及其所描绘的生活方式中，美国的未来将走向成功或者失败。

如果基于这一民主原则，我将提出，自由指的是可以积极参与民主事业，我认为，这样可以清除困扰自由的外在观点的一大难题。上面这种对于自由的界定,与平等、博爱没有冲突。如你所见,从人类为占有而斗争的角度来看,利益的冲突将导致人和人之间彼此为敌。并且,在这种冲突关系中,赋予行为自由,就是在将不平等而非平等,将敌意而非博爱,作为我们的行事原则。在这种关系中,意欲及能力的不同,将会首当其冲。人不是被视为平等的兄弟姊妹,而是彼此之间存在不平等敌对关系的强者与弱者。但如果从内在层面,将人视为合作实现共同精神事业的同志,人类所面临的局面就将为之一变。渴望智慧与灵性的人,无须从其他人那里夺取这些品质。在此方面,卓越和财富或幸福想必截然不同。一个人无须通过让其他人丧失美德的方式来增加自己美德。反之亦然。一个希望自己的同志获得智慧与灵性的人,也不会因此变得愚蠢笨拙。这样做的人,显然并不热爱卓越。他所渴望的,仅仅是自己的某种优越感。他主动断绝了自己与其他积极投身于赋予所有人生活以价值与意义之伟大事业的人们应有的慷慨关系。在这项事业中,人人平等,这并不是从能力,而是从身份角度而言。人人友爱。一个人取得成功,所有人便取得成功。任何人的退化,无论多么遥不可及,都称得上共同遭遇的灾难。贵族政治的致命错误,便是面对人类这一最为伟大的抱负,仅仅因为缺乏人类应当具有的坚韧,便发出绝望的哀鸣。

第十五章

自由之理性

要发挥您的理智,

让隐藏的真相得以显现。①

在美国目前的"自由主义"当中,一个非常奇怪,也非常令人感到不安的异常情况便是:一方面坚信自己对个人进行社会控制的计划;另一方面又对个人生活的内在控制充满敌意。主张全部体制秩序都应受到目的及意图统领的人,同时又坚决反对欲求与冲动应当受到更为深远的根本目标的导引。我敢肯定,这里蕴含的不连

---

① 出自莎士比亚戏剧《一报还一报》(*Measure for Measure*)第五幕,译文参考了〔英〕莎士比亚:《一报还一报》,彭发胜译,外语教学与研究出版社2016年版,第92页。

贯性，将严重破坏人类所有自由活动的效率。现在是时候承认，我们的社会机制或个人生活中自由的含义，除了肯定人类生活有对人类具备约束力的义务统领，别无其他内容。

跟在管理生活中对内在权威的要求相对，一般来说，当下的两个主要目的是：首先，我们被告知，过多强调精神控制导致清教主义的味道太浓。这令人感觉太冷酷、太严厉、太负面。其次，主张内在生活可以正当凌驾于外在行为之上的观点，缺乏合理性，充满任意性。这种观点的根据并不在于冷静反思当下经验，而在于顽固坚持残旧的传统以及陈腐的教条。

我曾经在本书中提出，除非区分"内在"与"外在"行为，否则根本没有办法明确理解自由的含义。我认为，人在了解自己内心的情况下所要求的自由，一定是精神自由。外在行为，无论是国家行为，还是个人行为，都受到规制。对于幸福的追求、对于财富的累积，都会不可避免地面临外界干涉。这并不是说财富或幸福是邪恶的,而仅仅是基于这样或那样的原因,不允许人如同不需要在乎其他人的东西那样去追求自由。但精神活动——个人或国家试图获得智慧与灵性的努力——我曾经论证过,必须彻底摆脱一切外在的干扰。这就意味着,我们规制外在行为的理由,并不适用于内在的精神活动。如果我现在可以为这种观点提供正当性来证明对于自由的内在要求绝非恣意且缺乏根据,那么本书的观点就能自圆其说。因此,我是否可以在简短回应新教主义的挑战后,多费些笔墨来回应非理性的指控?本书最后一章,我的主要兴趣在于证明主张与身体隔绝的精神自由具备理性根据。我认为,我所表达的正是人应作出的最为深思熟虑且最为恰如其分的选择,可以禁得住最为冷酷、最为苛刻的检验者的检验。

我首先敢肯定,主张身体服务于精神的观点,绝对不是要剥夺生活的火与热。理想信念和欲求渴望一样

209

充满热忱与激情。并且,如果一定要做比较,内在或精神方面也会优于外在或物质方面,理由在于,其中所蕴藏的热情更为热忱、更为持续。如果说林肯努力争取人类自由时缺乏激情、冷酷怠惰,这是一件很奇怪的事。如果真的是这样,为什么我们还会为之热血沸腾?为什么还会激发我们为自己这一代人争取自由?苏格拉底的生活也并非苍白平顺。相反,他的人生充盈着热忱与激情,洋溢着丝丝欢乐。这一点,同样可以适用于因为精神伟力而被吾辈所推崇的英雄,无论是声名远扬,还是籍籍无名。智慧与灵性,如果被当作人类努力的指引与控制性动机,就不会剥夺生命的光彩欢愉。人会被占有及快感之外的其他价值所吸引。作为一种精神意义上的存在,我们要去创造,要去实现。如果能够不计外部代价,全身心投入实现其所推崇的生命品质,那么,我们每个人的内心都将感受到类似艺术家的欢愉。那些认为较之于获得外在快感枯燥乏味的人,对为人类自由而斗争知之甚少。

但第二种反对意见,要更为有力。我们美国人,如之前所言,对于"由精神控制欲求"之类的表述,始终充满戒心。我们总是追问,这种据称可以对我们产生控制的"精神"到底是什么?其究竟有何权利,可以阻止我们实现欲求,或者剥夺我们的欢愉快乐?并且,"内在的精神活动"不受任何限制、任何干扰之类的补充观点,在我们现代人看来,都是传统神学的余孽,都在否认生命,意图抑制、阻碍让人兴奋激动的脱离尘世之超自然道德的重生。作为动物的人,我们对此建议感觉如鲠在喉。而这种态度的悲剧在于,我们会因此对自己心生厌恶,会质疑甚至否定人类生活中最具特色也最为永续的要素。我们事实上不再承认自身作为人的身份属性。对于超自然的敬畏,让我们开始否定自己的本性。

主张通过内在自由反抗外在限制的合理性,主要建立在如下三点理由的基础上:第一,我们的外在活动,在很大程度上,彼此敌对,其所处的自然条件彼此封闭,根本无须外在施压,就会相互干扰。第二,内在的精神生活则不会产生此类冲突;相反,其关系表现为彼此认同、相互合作。第三,在很多方面,外在生活除了干扰内在精神生活,还会予以支持。当出现干扰时,我们的个人判断便是外在或客观方面必须让步,退至其应当占据的次要且辅助的位置。我想,如果可以证明上述三项表述的合理性,那么主张自由乃是一项内在原则的"合理性",便会不证自明。

(1)

首先,毫无疑问,不同的欲求之间可能会针锋相对,可能会彼此干扰。例如,如果两个人都想要占有同一块土地,显而易见,不可能让两个人皆大欢喜。一方如愿,另外一方就要失望。在这种情况下,一方成功,另外一方就要落败。一方得到,另外一方就要失去。这就意味着,控制并不会导致干涉。相反,人们会发现,协调最终减少干涉。适用于财产及占有物的法律,应该对在立法前便已存在的利益冲突予以调整规范。创制这些法律的意图,很难说是理性的。的确,个体的欲求会导致法律控制具有任意性且缺乏合理性。但这是因为,此类个体欲求往往并不知道"理性"意味着什么。理性的存在,从其与外在利益的关系来看,能够确保上述利益免受自身盲目所导致的悲剧结果。理性,试图纠正、控制不计代价、不惜付出更高成本满足自身需求的不谨慎及原始性的冲动。一句话概括,在外在的领域当中,理性的目的,是确保个人在追求个人幸福的过程中能够取得成功,而非失败。而这正是我们"规制"欲求所希望传递的意涵。可以肯定,从欲求本身的角度判断,这样做具有合理性。但这一情况的讽刺之处在于,对作用于自身的一切,人类的这种欲求根本无从体会。他们的心态不受理性调整,只与是否能够被满足有关。

(2)

其次,在内在的领域范围内,情况则截然不同。这里并不存在外在控制的机会与基础。精神活动不会针锋相对。人们也不会因为追求自己的目的而形同散沙、彼此为敌。例如,两个对土地所有权存在不同主张的人决定通过司法判决来寻求公正,那么在这个意义上,这两个人显然没有分歧,他们的利益冲突也不复存在。如果每个人都说,"我要在这个问题上获得公平公正",那么无论对于其主张作出何种判决,他们都变得荣辱与共。让我们假设,作出了正确判决后,两个人就都获得了各自希望得到的公正结果。不容否认,其中有人会丢掉这块土地,但假设其真的在乎公正而非土地,那么他深层次的目的显然也得到了满足。从追求内在价值的角度来看,共同生活的人之间的关系就不再是敌对的,而是具有共同利益与共识的。这就导致在内在生活的语境下不得将外在干涉视为规范体制的基础。这些行为不会像欲求那样彼此干扰。

如果我们秉持这种思维活动,也会得出相同的结论。两个人——假设在某个问题上达成共识——也可能会产生观点分歧。并且,如我们所知,这种分歧可能会非常重大。但这并不意味着利益的冲突。对于我提出的问题,回答与我不同的人,不会因此就成为我的仇敌。的确,我可以通过精神的粗鄙程度、回答的愚蠢程度来评价这个人。但只要这样做,我就是错误的。在共同探求真理的过程中,没有什么能够让我们在这个方面成为仇敌。相反,无论是否承认,我们都是志同道合的朋友及同志。如果在调查的过程中发现他对了,我错了,那么我是否就因此成为输家?恰恰相反!他帮助我实现了没有他的帮助就无法做到的事情。他的胜利,就是我的胜利。在明智的生活中,所有人都在共同行动。所有的行为都指向一个共同的目标,即大家共同关注的通行的社会秩序。我坚持认为,这便是人类坚持信仰自由、思想自由、表达自由的正当化根据。这些便是和平而非斗争的原则。思想的关系与欲求的关系完全不同。欲求彼此敌对,因此必须控制。大家互相攻击。我吃了,就意味着你挨饿。我舒服了,就意味着你痛苦。而饥饿或痛苦,则属于应当尽可能避免的价值减损行为。它们为规制提供了根据。但思想不会如此为敌,它们不会在相同意义上毁灭彼此。只有在特定时点,错误地自我消灭的情况下,一种内心确信才会对另外一种内心确信发动攻击。并且,当发现错误的时候,也没有失去真理。结果会再次得到明确。简言之,理念之间的联系,是合作友爱的关系。而这正是当我们说所有真正的思想都是客观而非主观时要表达的真实意涵。如果这种观点成立,那么思想过程就没有理由受到外在控制的干涉。为什么要对其设限?对其加以规范的根据是什么?这样的根据根本不存在。其本身便是规范行为。这是人类在试图获得智慧与灵性。这便是人类自由的本质核心。没有什么比要求行动自由的人类精神活动更加理性的了。

我知道,我刚才所说的这些内容,可能会被某些读者耻笑。他们会认为这一切脱离实际。"你是否知道,"他们会问,"所有的理念都产生自利益,只不过是某些主导性意欲的影子罢了。"我必须指出,这种观点,尽管包含正确的部分,但总体上是虚假荒谬的。毫无疑问,对所有人而言,观念会受恐惧、激情、冲动等因素的影响和塑造。在某种非常真实的意涵上,思维活动的确产生自感知经验。然而同样真实的情况是,客观智慧的主要目标就是让自己摆脱偏见的主宰,中立公正地面对真理,与其他关注同一事实的人平等地共同处理这一问题。我的意思并不是说所有人都能够达成所愿。但我的确要说,这是我们应当努力尝试去做的内容。在我看来,试图对此加以否定的人,是在通过否定这一观点的方式来肯定。通过冷静中立的调查发现,没有任何调查本身是冷静中立的,这等同于发现了没有发现的内容。如果只能用一句话概括这一令人震惊的发现,即"为何"什么意涵都没剩下——我们或许会追问——为什么发现者一直在从事没有人做过的事情。但是和这种毫无可能的结论相对,我所要表达的意义是,人的确以某种方式试图思考。他们的确在试图批判,掌握相互冲突的欲求。在所有主观兴趣的反对过程中,他们通过合作,试图发现或者创造客观真理。正是在这种尝试的过程中,人类产生了渴望自由这一主要需求。对于人类努力积累智慧的努力,没有任何理由加以限制或操控。

如果将刚才所说的观点应用到言论自由原则,含义将会体现得更加明白。在我看来,普通生活中,没有什么比勇于自由表达个人观念,且不必担心受到处罚,不会受到法律限制更为重要的了。但这一原则究竟意味着什么?这是否意味着所有人都可以在任何时候以任何方式畅所欲言？这是否意味着在任何情况下，一个人说什么都毫不受限？我并不这么认为。如果上述诠释是正确的，就无法为言论自由的主张提供任何合理的根据。言论自由不是嘴的自由，而是嘴所服务的心的自由。作为一种外在行为，言语必须以多种方式受到规范及控制。病房里不允许有人大声喧哗或愤怒狂喊。一个人也不能说自己邻居的谎话。无论一个人用何种方式，以牺牲公共利益为代价，通过语言来谋求私利，那么，不管是个人还是社会群体，都有义务采取行之有效的办法予以阻止。并且，如果十几个甚至上百个人共同开会，言论自由也不意味着一个人可以从头到尾想说就说。为了实现有效合作，这一群人必须设立一套秩序规则，并有专人负责执行，确保规则得到遵守，甚至在必要的情况下通过暴力来维持这套规则。概言之，我们民主主义者相信，言论自由属于精神生活的原则。言论作为一种外在行为，如果与其他外在行为冲突，就必须对之

218

采取某种程度的规制。那些发言,或者被拒绝允许发言的人,"本人"必须是自由的。只有理解这一表述的内在含义,我们才能理解何谓自由,何谓民主。

请允许我在这里顺便提及在一个没有提供充分言论自由的社会,设立类似海德公园那样的安全角,在这里,人无论多么偏激极端,都可以直抒胸臆。这种为了关照"极端人士"而由"自由派"创设的精明手段,对人性太过轻视,战术上也太狡猾,因而并未落实民主体制中的自由目标。给一个人机会,"让他说,这让他开心,会抵消他所有的不满,这样对我自己毫无害处",显然远远不够。因此,在这个"容忍"内部革命者的社会当中,还是可以发现成百上千冷静而理智的男男女女,在发表言论时不敢有什么说什么。无论是在教堂、在家里、在学校、在办公室、在工厂、在报社、在剧场,这些人类精神都受到世俗的排斥,受到禁忌与执拗的震慑,受到经济必要性的推动,以至于人类能够实现的诚实反思从未出现。这便是我们对于言论自由犯下的严重罪行。在愚昧、麻醉国家心灵的习俗与体制当中,我们发现了违反表达自由的主要原罪。

现在为言论自由提供详细的解决方案,显然离题太远。然而,我还是需要通过下列两项简要说明来表达自己的观点。

第一,这里的问题,是意图的问题。精神反思,必须是自由的。客观行为,必须受到规制。因此,无论是个体还是群体,人在试图理解自身及其所处的这个世界的过程中,都没有理由干涉言论或撰写的内容。但是,只要人将语言作为行为或者煽动的一种形式,就没有社会可以忽视在行为发生冲突时对其加以规制的问题。社会与任何个人都没有理由干预如实调查。无论研究关注的内容是上帝的本质、资本主义体制的优缺点、所得税的得当,还是文学的无产阶级理论,结果都是一样的。在没有任何限定条件的情况下,社会族群的成员可以思考、可以试图发现真理。言语,在被视为尝试手段的范围内,永远都不受外在因素的控制。但言语作为行为的一种形式,作为激励人们采取行动的一种手段,不能就这样被弃之不管。毕竟,只要是行为就会涉及利益冲突。如果上述论证成立,其中涉及的价值观毁灭的观点是否成立,就变成了一个公开的问题。概言之,如果不了解内在意图与外在意图的区别,我们就无法在处理言论自由的时候获得任何意义。不负责任的个体认为精神自由意味着每个人都可以不分场合随便乱说,没有什么比这番解读更加可悲而离谱了。

第二,言语作为外在行为必须受到规制,这并不是说可以任意且不合理地对其加以规制。在这里,公正而非自由才是主导性的原则。我们曾说过,买卖行为必须受到控制。而控制,以相同方式,必须公平。公正,则符合整体福祉。表达的问题与此类似。在相关的法律面前,人人平等。公共政策的真正理由,只能根据何种限制是正当的话语来界定。并且,进一步而言,对于我们大多数人来说,显然只有在最极端的情况下,当口头或书面表达造成的损害无法弥补且迫在眉睫的时候,阻止其从事某一外在行为才是公平而明智的。在当前体制下,如果一个人公然鼓吹某项政策不明智,就应推定这会导致其他人反思这一问题,并指出相关政策为何不明智。民主观念认为,如果保证民众的观点可以得到充分考量,如果相信他们是日常经验诚实聪慧的学生,他们就会变得更加诚实聪慧。而诚信,作为外在活动的体制,可以自我证明。对于人类本质的信心也可以产生信心的价值。人类的恐惧、质疑以及压抑,会让其行为方式变得小气、仇恨与遮遮掩掩。除非能够肯定人的言谈非常怪异、极度不负社会责任,以至于根本不能将其作为人来对待,否则就不应支持限制言论自由。

(3)

我的第三个观察是,当外在利益与内心活动互相干

222 扰时,后者占据优势具有合理性。无论如何表述,一句老话都说得对,人的肉体应当用来服务而不是妨碍精神目标。每个人自己的计划,都可能会因为懒惰,因为寻求眼下的欢愉,因为愚笨及三心二意而被拖后腿。与此类似,整个社会总体上都会因为冲动、偏见及激情的多变而受到损害。在美国社会结构中,无论男女老少,都毫无必要地受到身处的外在环境的限制。成长于今日的美国社会,孩子们在街头巷尾耳濡目染,身心日渐遭受毒害。因为贫困或担心面临更大的贫困,人被剥夺了理智与生活的主动性。所有权人及管理者,只能以非人的方式使唤人,因此,不会成为良善聪慧之辈。我们的体制以多种方式侵蚀着我们的价值观。在这种情况下,每个人都清楚,外在因素所取得的成功,必须让位于做人方面应取得的成功。对我们自身文明的清醒判断在于,如果人得以成长为有品位、有渴望、有高明智慧的人,那么他的生活,从总体上来看,就是很好的生活。他从事了一项十分重要的工作。无论有何缺憾,他的生活都是成功的。另外,发了财,有了权,获得了舒服便利——所有这些,每个人都知道,与商业生活中的悲惨失败并存。一个人可能非常有钱,大权在握,舒适安逸,但十分"贫穷"。人的存在与发家致富的标准完全不同。并且,如果这种观点是正确的,那么我们要求财富服务于人,而非人服务于财富,就具有合理性。不能允许一时兴起,任由贪婪野蛮捣蛋作乱。这些家伙没有自由的权利。在乎精神价值的人,必须将其纳入控制之下。我们必须将社会秩序牢牢掌握在自己手中,并且施加调整。我们必须将其作为个人生活适格的仆人、合宜的伴侣。正是为了完成这一任务,我们才必须要求,同时必须具备精神自由。无限自由属于且仅仅属于服务于人类追求灵性与智慧事业的行为。欲求有要求公正的权利。但它们却没有主张自由的合理性。只有努力履行义务的人,才能做出上述主张。

在试图确定内心信念合理性的同时,对于某些人指控热爱精神自由者逃避现实世界而躲在象牙塔内寻求庇护的观点,我们也可以顺便作答。请允许我简要回应上述指控。

首先,认为一个追求灵性与智慧的人会因此将自己和其他人的活动隔绝开来的观点,是一种奇怪的让步。作为其根据的人的本质理论是什么?难道满足欲求是推动人前行的唯一动因?是否可以推定这些人同样在试图获得灵性和智慧,而我们也可以加入这一尝试?

其次,如果追求卓越就意味着要住进象牙塔,这种格局就显得不够大气。必须能够为所有人而非某个人提供尝试追求精神卓越的足够空间——无论成功或失败。一般认为,人类取得的成就所吸引并激发出来的想象力,应当被所有人用来谋划未来。每个人都希望大家过得自由富足。如果目前讨论的问题,关键在于人类同情心的宽度与广度,我更愿意赞同那些主要从慷慨公正而非争夺权力、财富和舒适的角度来解读这一问题的观点。斗胆问一句,这两种观点,哪一种割裂了一个人对于其他人的同情心,哪一种使得自己的内心变得愚钝,使得自己的视野受到限制,一门心思只关心自己在乎的内容?知晓美国经验的我们,对此问题应当不难作答。

最后,如果当一个人或一个国家因为恐惧灰心而走火入魔时,要求其耕耘自己的精神是不是在痴人说梦?我不禁要问:"难道内在价值的信奉者就应该被禁止反思真理?"在目前的社会秩序当中,少数家庭的年收入数以十万计,更别说可供其使用的财产数量了。同时,大部分家庭的收入还不足其千分之一。在这一鸿沟的两侧,收入差距的效果是灾难性的。在富足当中吃不饱饭,是一种罪恶。更为罪恶的是,在一群人饥饿的时候享受富足。两种经验都足以摧毁人类,二者都直接破坏灵性与智慧。但为什么从中就可以推导出热爱卓越的人必须放弃与人类事务发生接触,必须遁入象牙塔?可以肯定的是，从上述前提推导出这一结论的论证过程，一定存在某种问题。认为首先通过精神价值判断社会秩序的观点，并不是说不能判断社会秩序。相反，这意味着判断的基础必须稳固，其所关注的不能仅仅是片面的、自私的、外在的利益，还应当包括人类生活中共同而普遍的深层次价值。我认为，这里所面对的是一个非常简单的问题。如果根据安逸舒适来设计社会秩序，最终难免落入混乱困惑当中。在一个单纯的经济世界中，没有秩序，也没有秩序的基础。但如果从人的本质层面来看待，我们则会走上统一及秩序的道路。将一个人作为人而非物加以对待，并不会因此失去与生命的接触。相反，当人人都被视为朋友兄弟，视为像自己这样的人，整个国家的生活就将获得意义，获得目标，借此，可以对任何行为、任何机制加以评判。我认为，这里蕴含着美国的一线希望。只有这样，美国才会充满活力，才会明确积极地认识到自己的理想。一直以来，美国都在致力于实现国力强盛、资源富足。但仅仅如此还不能构建一个伟大的国家。必须将美国人民蛰伏的混乱的精神,重整为对于自身理想的认知。我们背负着责任义务,机会就摆在我们面前。我们使命在肩,因为我们具备这样做的能力。时运为我们搭好了宏大舞台,正等待我们在上面表演适合这个舞台的主题。无论舞台还是主题,都是不可放弃的。这也是用来评价我们人类自身的两项根据。我们应当致力于撰写好、执导好、出演好这出大戏。其主题便是"人类自由"。我们美国人,对此主题承担义务。同时,我坚持认为,这种义务关系是合理的,是在认识到自身义务的情况下,自由精神必须面对的一种束缚。

第六部分

结 论

第十六章

我们应当做些什么

一知道了为的是什么,便要想补救的办法。①

在本书中,我试图说明个人坚信的一个观点,即美国人最深层次的生活动机,便是对内在自由的渴求。请允许我提醒读者,这并不是说美国的国民生活会一帆风顺、高奏凯歌、不受干扰地奔向自由。在追逐理想这条路上,无论是个人,还是国家,都会不进则退。但奋力向前的同时,他们也会退缩向后。我们所热爱的自由,并非通常的行为样态,而是一种——我们知道——在任何

---

① 出自莎士比亚戏剧《皆大欢喜》(*As You Like*)第五幕第二场,译文参考了〔英〕莎士比亚:《皆大欢喜》,朱生豪译,译林出版社 2018 年版,第 115 页。

时候都应努力践行的基本行为准则。实事求是地说,在当今美国,还完全不能断言民主与自由之大业已胜利在望。民众乃至国家亲手摧毁了自己所珍视的东西。这或许就是等待我们的宿命,但美国还没有证明这一宿命的虚假性。我们都知道,历史上,认识到自己要建立丰功伟业的国家,往往因为内心的混乱、精神的脆弱,导致这一远见卓识化为泡影。的确存在这种可能性。我们是否会受到外在机会的迷惑与困扰,最终放弃自己的本色？抑或我们是否应当在追逐灵性与智慧生活的过程中,扮演自己的角色？ 这便是至今悬而未决的问题所在。我们或者变得伟大,或者变得可鄙、可怜、可憎。

面对上述问题,任何忠实的公民,都无法摆脱希望自己的国家能够从长计议、真抓实干的想法。在我所进行的这项研究即将告一段落时,这种渴望,依然萦绕在心,挥之不去。我想追问的是,讨论自由,是否可以给美国指明应当前进的道路？在发现的结论中,又存在哪些实际的决策呢?

用所剩无几的篇幅论述为美国设计的蓝图,绝非我的本意。作为基础,我们还需要更为深入地研究自由。其他原则,也同样会进入我们的国民生活当中并等待时机,对大量复杂的外在条件发挥主导作用。这种更为艰巨的使命,必须留给熟悉材料、在原则把握方面远胜于我的学生们来负责。

但我还是希望,就我们的讨论所导出的国家政策,提出若干建议。在我看来,这是接受自由理念的应有之义。对此,我的建议如下。

(1)

第一个建议,必须从根本上扩展、改革美国的教育体制。我们目前的教育,没有办法将自己培养为符合民主要求目标的人才。我们的所教所学,均不是自由之范式。

在一个英语民主国家中,不分男女老幼,都知道莎士比亚以及《圣经》，并深深为之所吸引。每个正常人都会多少了解达尔文以及伽利略的伟大事业。最高水准的音乐、戏剧以及其他艺术，都应成为公众娱乐的项目。我们所有人都必须研习柏拉图、奥古斯汀、马克思、亨利·亚当斯以及艾米莉·狄金森（Emily Dickinson）的著述成果，对于社会的每位成员而言，社会秩序这一永恒且反复出现的问题，都应成为重要且鲜活的研究对象。群体生活必须贯彻求知、养趣、创新、解惑。这一人类经验至关重要的共同分享，势必将所有人的精神都统合在一起。我们必须成为求知路上的好伙伴，无所畏惧，对一切都充满求知欲。我并不是说可以轻而易举、一劳永逸地完成这一任务。但我的确相信，通过适当教授、研习社会秩序，任何正常的美国成年人都可以在其认知社会的基础上，诠释、建构自己的生活。换句话说，如果肯尝试，我们就能建构起一个民主社会，而所有成员都处于学习自己能够达到最高标准的行为模式之过程中。我们必须进行这一尝试。

这一机制,当然,意味着所有人都需要终生学习。该机制将学习作为一个持续存在的要素,置于人类生活中的适当位置——即尝试了解人的生命应如何得到最佳实现——并终将替代目前片面、有害、杂乱的教育方式,为所有社会成员提供一个涵盖从生到死全过程、设计良好且统一的教育体制。而这不应是任何人强加给我们的。一切都应当是我们对自己是什么、自己要做什么的自发尝试。

我这里不会过多着墨于如何通过革命性的变革来改变我们的学校系统。但显而易见,整体上,包括大学在内的各级学校目前在培养年轻人的灵性及智慧方面,陷入了荒唐的失败状态。年轻的美国人,不愿积极投身于探求人类智慧、美学、意志的冒险活动当中。他们还没有做好在民主生活中发光发热的准备。而我们必须想办法让他们做好准备。为了达成这一目标,父母、公共护理人员、物理学家、心理学家、教师、传教士、公共休闲娱乐设施的管理者、工商业管理者、政府官员必须携起手来,研究和控制对美国年轻人品行之形塑与构建的影响。还有很长的路要走,但一路风光无限。毕竟,相比于将颇具可塑性的年轻人掌握在手中,赋予美感,同时为他人树立美的标杆,其他任何艺术都没有这般激动人心而又如此富有挑战性。到现在为止,我们几乎未曾开展任何此类工作。我们设立了很多学校,但不知道如何去教,以及教什么。

"民主化"教育体制更具革命性的一面,只有在学年结束后才能彰显。毕竟,传统教育这种幼稚的实践,可能仅仅是为真正的学习做准备而已。年轻时,人会被教导如何学习,但是长大之后,基于自身的主动性,在其他人的鼓励、引导下,人会在有生之年持续学习。我认为,在美国,我们刚刚开始见证一个全国性的成人教育机制本身所具有的巨大可能性。而这一领域的教师,必须是在解读美国生活方面最具天赋、最为热忱的专家。所有成年人,都应当成为这种意义上的学生。我们已经开始着手塑造国家精神,每个人都会发现,自己的个体精神可以在与整体精神的关系中发挥适当作用。如果能够塑造这一国家精神,就可以在学校排斥其所面临的最大障碍——我们这些年长者内心的惰性。但是,不仅如此,它还会让普通生活的各个阶段都变得有意义且激动人心。没有什么比建构一个作为国家目标的民主机制更为至关重要的事业了。在我们计划谋求并保持自由的过程中,禁不住会想起埃皮克提图在谈及这一问题时说过的名言:"治国者言,唯自由者才可施教。但上帝曰,唯受教者才可自由。"

(2)

第二个建议,与新闻报纸有关。我敢肯定,美国的自由之路要求人们摆脱其所处的奴役状态。与自由相关的问题,并不在于维持人们现在就已经享有的自由。

237 问题在于,要为人创制其从未享有且其所属组织不希望其享有的自由。

是否可以允许我提前进行解释,这里对新闻报纸所发表的看法,以同样的程度适用于广播及商业剧院?在某种程度上,这相对于书籍杂志,乃至整体上的艺术而言,都是真实成立的。甚至在一定程度上,它还适用于教会、中学、高专乃至大学。所有的这些,都是我们诠释生活的内在媒介。它们可以引领我们不断提升个人的灵性与智慧水平。因此,在民主体制中,表达机制是否自由,就显得至关重要。如果它以任何方式受到外界影响的奴役、管制、主导,那么这个社会的精神事业就会在一开始便遭遇瓶颈。在这里,我不会花费时间逐一讨论,而仅仅以新闻报纸为例,来对此问题稍加探索。这一工作完成后,将结果适用于其他领域,并不存在任何问题。

报纸的主业便是为读者提供新闻资讯。它必须告诉我们,大家在做什么,想什么,遇到了什么问题,正在如何解决,驱动其采取特定行为的利益和动因为何。概言之,报纸为我们提供了心灵活动所需的大量素材。如果这一前提为真,所有民主国家的首要需求便是新闻自由,就不难理解了。如果要明智地进行思考,我们需要依赖于为其提供养分的事实。对于新闻报道,我们必须严格挑选、冷静陈述、公正解读。基于粗漏虚假的材料,显然没有办法慎思笃行。

238

但一个显而易见的事实便是,报纸的所有者及管理者,从目前的安排来看,关注的不是如何提供新闻,而是如何从销售新闻中牟利。他们必须依附于其利益的主要来源,即在报纸上刊登广告的业主。并且,从社会环境健康的角度来看,我认为,目前美国的情况已经达到了令人无法容忍的程度,任何一个自由的政府都不能再任其这样下去。

如果对比报纸与大学,我在这里希望表达的观点就会变得更加清楚。很显然,我已经意识到,在自由方面,美国的大学存在诸多限制。它们不可避免地会共同面对总体社会秩序中存在的混淆以及随之而来的灾难。然而,在这一点上,大学的相关水平,远超社会成员具备的平均水准。大学中的老师,基本上归属于学术圈。因此,当对其加以测试时,就会发现,和世界上其他事情相比,老师更在乎和自己的同行分享真挚、诚实与精确的标准。至少,老师不会竭尽全力设计出一套迎合他人,为自己换取便利,或者确保自己进步的所谓真理。作为学者,他们享有的生活标准堪称卓越。因此我们可以指望这些人无涉价值地阐述真理。同时,为其支付薪酬的高校管理者也明白,教师的研究与教学活动,必须遵从学术界的基本原则。这些人,在这个社会当中,成为我们普通民众不能企及的自由人。

现在应当作出的改变是,报纸的记者与编辑,应像大学教师那样,并在此基础上获得类似的身份。事实上,除了商业主导的限制,没有什么能够阻碍记者要求及获得自由。新闻工作者的动机,和学者的动机实质类似。编辑与记者的行为,具有完全意义上的教育性。任何熟悉编辑、记者工作的人都不会质疑,赋予这些人真正自由后会产生何种后果。收集、解读全世界的信息,将会激发适合从事此类工作的人慷慨忘我地积极工作。从个人欲求与工作条件之间存在的冲突角度评判,目前,坐在美国都市中那些新闻办公室里的人,显然在我们这个社会里最具悲情色彩。

那么,究竟应该做些什么?我认为,收集、解读新闻,必须与赚钱分离开来。正如学问的传承与发展那样。编辑和记者必须成立像大学教职人员那样的独立的行业自我管理组织。我建议,实现这一目标的做法之一,便是将报社作为大学的组成部分,将促进新闻学习与传播的活动结合在一起。但是,无论如何,有一件事情我敢肯定,我们必须想办法终结买卖新闻的做法。这对表达自由会产生毁灭性后果,不能听之任之。

我知道,上述建议可能会招致激烈的反感。我将被指控试图剥夺新闻自由。对此,我必须表态,任何扣大帽子的人,在我看来,根本不懂自由在我们美国人的生活中的含义。我们要求新闻应当免受任何外在因素的主导。在此基础上,打破新闻与商业之间的关系,就显得至关重要。销售者,没有主张自由的权利。买卖消息的人,就是商人,也必须得到相关的待遇。他们的行为,作为一种外在行为,应当由公共利益认为适宜的任何形式进行管束、控制乃至禁止。作为追逐商业收益的人,他们关注的,不是内在价值,而是外在的交易。美国体制的精神,禁止这些人毫无限制、毫无障碍地用公共智慧利益为自己谋取私利。美国的精神必须受到保护,免受如此敌意的外在力量侵袭。所有人都有传播新闻的自由。但没有任何人可以随意贩卖消息,除非对于其追随者来说,允许他这样做是明智的。如果销售行为看起来恰恰就在摧毁所销售商品的价值,那么销售行为就必须被终止。因此,我确信,以这样或那样的形式,报纸、剧院、广播应当摆脱商业之手的控制。必须将它们交给一心关注意义与美感的学者或艺术工作者掌管,使之为推动我们作为人民所从事的精神事业服务。

(3)

第三个建议,与经济政策有关。在这一领域,我们正面临关键性的国家抉择。资本主义是否已经垮台?我们是否必须尝试用其他形式的社会管理机制取而代之?我们应该尝试修补自由竞争的传统经济秩序,还是尝试某种形式的为人所建议的社会化与合作机制?

在经济学概念上讨论这一问题,并非我的本意。我并不了解资本主义是否气数将尽。对此,我深表质疑。但质疑的基础,来自道德层面,而非经济层面。在我看来,资本主义秩序的核心缺陷,在于其作为人类行为范式令人反感的特质。资本主义会让其践行者为自身的行为感到羞耻。它和自由格格不入,不会让人感到自由,不会让人获得解放。

由此一来,围绕资本主义的核心问题,并不是我们能否维持,而是我们是否希望维持。但如何确定究竟将发生什么?当以这一形式提出该问题时,我发现了支持对工业进行社会指导的两大超级有力的决定性因素。

第一个因素是自由竞争机制诉诸个人自私的立场缺乏连贯性。它反复扭曲人类的本质。经济斗争的杀手锏,便是诉诸人类的恐惧、苦难、贪婪、野心以及无情。它要求每个人在自身能力与耐力的极限范围内为自己获取利益。我知道,资本主义体制的根基,存在压倒性的重要前提,即"整体福祉"。我也了解人们会依据人性慷慨为其提供正当性。但我也同样明白,从人性特质来看,"压制"的代价太过高昂。在这个意义上,人被"看不见的手"所利用,并不安全。人们必须以自己的计划和行动来表达自己的慷慨立场。一门心思要和自己的同类斗争,使人丧失了内心的平静和真诚的友谊。不可避免地,我们自身变成了我们主要的行为对象。据我所知,美国人民的精神,不分男女,因为缺乏对自身最深层次的确信以及最为强烈的约束,正在被活活扼杀。我们的经济体制并不适合我们的精神本质。我敢肯定,我们必须坚决进行大幅度变革,或者干脆将现有体系整体抛弃。我们必须采用一种不会毁灭我们个人品质的经济形式。

第二个因素,可能听起来比较荒谬,然而,我本人却颇为信服。从个人的学识基础出发,我肯定,竞争秩序不适合民主的目标。我认为,自由竞争与民主生活,丝毫不能兼容。我们必须在其中作出取舍。而我本人会毫不犹豫地选择民主。

对于一个自由体制而言,在进行共同判断的过程中,所有人,不分男女,都应采取积极且负责任的姿态。政府必须由人组成。而为了这一目标,竞争性社会的实质缺陷在于，普通人无法作出其所需要作出的决定。他们不能理解正在发生的一切。对他们来说，这一体制太过复杂。绝大多数人，在面对价格、薪资、利益、租金、利润、资本、信用、货币、通胀等令人迷惑的复杂问题时，不知道应该谈论什么。这意味着我们无法在民主的环境中各司其职。一个自由社会的公民本该作出的决定，我们却无力为之。由此，民主名存实亡。

现在，资本主义秩序一个奇怪的反常现象，便是未能信守诺言。它的理论是，在工业领域，并不需要基本的大众决策。经济机器会自行运转。它应该是自动的。我们每个人所要做的只是接受自己作为机器上的齿轮的位置，任由机器发挥所长，提供海量产品，我们则尽可能充分地享用这种富足。但是，至少在极端的形式下，自由竞争已经导致我们的失败。在这台机器的正常运转过程中，数百万人陷入了贫困和绝望之中。即使付出了牺牲，自由竞争这个怪物也不会适当照顾这些奉献者。它在疯狂前行的同时取得了巨大成功,然后,毫不意外地被自己的成就打败。它摇摇晃晃,陷入积重难返的灾难之中。当这种情况发生时,当偶像让我们失望时,我们普通人无法逃避,必须作出决定。我们必须使它振作起来。谁知道该怎么办?谁知道问题是什么,如何补救?我说过,"普通人"不能回答这些问题。但是我们的贵族头脑似乎同样被弄糊涂了。我们的经济学家、政府专家,那些能力出众、品格高尚的人,即使程度上存在差别,也同样受到了挫折和打击。结果便是,由于没有共同的想法,没有达成一致的行动计划,我们又陷入了利益冲突和自私的混乱之中,在这种混乱中,决定行动的不是理性和慷慨的计划,而是弱肉强食的丛林法则:强者对抗弱者,狡猾之徒对抗愚笨者。民主的目的已经丧失。人们不会共同参与制定决策,或者很明显,没有作出决策。无法决策,是因为实际上我们根本无法理解。

我不是在暗示民主应该排斥专家,或者说自由的人民只能生活在没有领袖的环境中。这与我的本意相差甚远。我这里要说的是,除非国家的总体行动计划是可以被人民理解的,除非他们能够选择他们的领导人,能够明智地赞成和不赞成他们的政府,否则,说这个国家是民主的就毫无意义。正因为如此,竞争秩序的错综复杂给我们带来的就是这种震惊。美国的国民思想被自己的经济安排所击败,沦为一场空谈。

那么,另一种选择是什么?这便是建立一种经济秩序,其根本动机和行动原则足以为普通人所理解。在我看来,这种需求的满足正是社会主义体制的两大优点之一。当人们参与商品生产时,目的不是为了市场竞争,而是为了可供社会整体使用;当分配方案不是盲目地反映相互冲突的欲求和能力,而是合理地规划社会所有成员的人类需求时,我们就可以在这两个领域中直接明了地作出生产和分配决策,并让所有人都大体能够理解。这样的社会既慷慨又明晰。在这样的社会里,有可能在成为商人的同时,不必贬低自己的本性。在这样的社会中,普通人可以通过分享共同的目的、共同的想法而结合在一起,这在某种意义上将使他们成为社群的成员。我不是说经济困难会彻底消失,也不是主张由非技术人员来回答技术问题。我只是说,我们会从根本上理解彼此双方,会有一个可以理解的社会。在这样的条件下,生活才是值得的;相比之下,现在的生活,不值得继续。我们可能由此才开始建立民主制度。在这种情况下,我们可能才会理解我们正在做的是什么。要做到这一点,就要改变美国人的生活质量。现在困扰我们的混乱和挫折将会基本消失。困难依然存在,但我们将共同努力。在我看来,只要目前的竞争经济秩序盛行,美国精神就不会占据上风。

(4)

我最后的建议与阶级斗争有关。我们能否利用这一方法带来所需要的社会变革？我敢肯定,存在驱使普通人投身斗争的情形,在这种情况下,因为遭受严重迫害、虐待和误解,除了斗争,人根本不存在其他的行为模式。但是,从根本上说,这种方法是不好的。总的来说,弊大于利。我们不能指望将其作为一种普遍适用的方法,借此让美国走上正途。

任何方法的首要条件是,在动机和思想上,它必须与所服务的目标相一致,而阶级斗争纲领在这一关键要点上恰恰失败了。阶级斗争取代了它试图破坏的原则。它用恶魔的武器与恶魔搏斗。在这个过程中,最令人失望的莫过于一个人赢得了自己输掉的东西。恶魔只会要求敌人采用和自己一样的方式斗争,而其本质上就是那种斗争方式。如果能使人们互相仇恨,误解和曲解对方,把仇恨和斗争看作人性的基本原则,恶魔便赢得了胜利。这便是恶魔所追求的唯一目的。在美国,我们不可能通过强调"人类社会最根本的法则便是阶级冲突"

来建立一个无阶级的社会。

我这里不是说美国没有经济分层。我们的竞争体制确实会导致阶级斗争。它把人分成两个集团：剥削者和被剥削者。如果说这一体制有何意图，就是使这两个集团互相斗争。它的原则是争夺力量的平衡。正如富人不可避免地被驱使，并且被期望联合起来以获得他们的利益一样，穷人和被压迫者也被迫在完全绝望的情况下组织起来，为了自我保护以对抗他们的经济主人而斗争。此外，忽视这样一个事实是无用的，即随着斗争在美国的持续进行，冲突将会是不平等的。在很大程度上，胜算落在剥削者一方。如人们所说，正义通过平衡利益冲突来实现，因此，正义显然还没有得到伸张。作为劳动者和消费者的被剥削者，没有公平的机会反对作为所有者和逐利者的剥削者。面对这种情况，处于劣势的人除了斗争，别无选择。当他们这样做的时候，任何一个人道主义者，都只能站在同情较弱的群体这边。人们热切、衷心地欢迎被剥削者为强化经济和政治力量，以平等的条件迎战对手，替自己争取一些公平交易的机会而作出的任何成功尝试。

然而，这不是问题的核心所在。我们不会因为承认斗争原则的有效性，就破坏竞争制度。唯一真正的胜利，就是从理论和实践上证明，这种竞争斗争的方案是徒劳的，也是错误的。如果这不是真的，那么我们在自由和正义方面付出的所有努力，注定失败。如果说人类的本性使得任何经济阶级都不会自愿放弃自己的权力，那么让另一个阶级来控制我们的社会秩序也将会一无所得。哪个阶级都不会将到手的胜利拱手让人，反而会努力消灭敌人，用残暴的暴力行动来镇压敌人。而且进一步来讲，当敌人被消灭时，控制集团本身会分裂成敌对的派别，每个派别都为争夺控制权而战，每个派别都试图奴役和剥削其他派别。如果一个社会秩序的法则是战争的规律，那么询问"我们如何建立和平的规则"

就是毫无意义的空谈。

然而,人性的斗争理论无法发挥作用,因为它不是最终有效的。它不能解释美国生活中的基本事实。当一个国家像美国这样,一旦承诺将追求财富的活动限制在自由、正义的范围内时,它便否认了斗争理论。当一个民族把平等和友爱当作自己的生活体制时,它便拒绝了丛林法则。并且,不管过去,还是现在,无论我们的行为多么盲目、迷惑,这依然是我们有意为之的行为。由于对边疆生活漠不关心,导致我们与自身信念产生冲突。这只是一个过于忙碌的、外在的头脑的肤浅想法,它使我们相信自由是经济的,而正义就是当人类互相争斗到最后时所产生的财产分割。虽然这一点似乎暗合许多行为,但不符合美国的传统,以及美国人现在的想法。

我不希望这里说的话被读者误解。阶级斗争的方法在我看来很糟糕,因为其效率极差,并且蕴含自我挫败的危机。如果作为一种临时措施,阶级斗争能产生效果;如果作为一种"外科手术",阶级斗争能消除管理社会秩序一般方式中的罪恶,无论眼前的代价如何,我都会接受。但是,即使是"外科手术",也是一个危险的权宜之计。阶级斗争切断了社会进程的核心,摧毁了它想要治愈的东西。另外,我相信常规手段比暴力更有效。一个民主国家可以在采取行动的时候照顾好自己。人的精神,当被搅动到生命中时,并不是一种软弱、可怜和无助的东西。人的精神,既高效又宏大。更确切地说,其效率很高。自由和正义的方法不是一个多愁善感的梦。这是一种坚韧而精明的共识,这个民族历经岁月,清楚兽性在某种程度上徒劳无益。这个民族认识到了自己的处境和自己的目的。从整体上讲,这是美国选择并必须遵循的道路。

因此,在争论结束时,和开始时一样,我这样回答那些提出质疑的学生。在美国,和所有人类生活一样,美国人也有行为标准,有笃信的理想。其中最重要的是激情,理性的激情,即自由。由于这种激情,美国一直是——并将继续是——人类精神的一次伟大冒险。在世界历史上,从来没有一个国家像我们一样身处如此有利的外部环境。但是,相应地,在世界历史上,像我们所面临的诱惑和困扰那样迷乱的,亦无先例。我认为,我们最大的危险,是过于草率、肤浅的解决方案。很久以前,人类把自己与自己的后继者区分开来,这是一个极其复杂的人类问题。把人的活动世界划分为精神和肉体两个领域,就是把人的一切活动都包含在意义的双重性中,这种双重性使人类的生活充满紧张、冲突和困境。然而,正是这些困难的产生,使得人类变得人性化。我们既是快乐的,又是充满负担的。我们对快乐的渴望被我们对卓越的执念所平衡。除了将一个人的生命理解为其生活中的上述两种要素,没有其他的办法。国家的生活与此类似。如果要知道美国意味着什么,就必须看到,它既是物质的又是精神的。我们必须确保二者之间维持正确的关系。

最后,美国人应当面对这样一个事实:我们的任务非常艰巨。作为一个国家,在人口比例达到一定水准时,我们的力量和机会,都会如期而至。我们必须创造一种精神来掌控这个身体。如果疯狂地投身于外在活动,指望命运来眷顾我们的精神利益,显然是不可能的。这些利益必须是我们不变的首要任务。如果没有思考及行动,没有反思与计划,美国就不会是美国。美国是以物质形态存在的精神。美国人是快乐的,拥有力量和财富、舒适和便利,这一点十分重要。但更重要的是,我们能受到钦佩,我们不必为自身的行为方式感到羞耻。我们能让美国成为一个"美好"的存在吗?能让美国成为"美好的范例"吗?尝试这样做,就是在尝试了解"美国"究竟是什么。

后　记

在整个论证过程中,我用"精神"这个词来形容人和国家。而且每当这个词出现时,我都紧张得有些发抖,这是因为,"精神"一词,在实际使用中极易被误解。我确信,这个词的历史,便是人类错误史最真实的记录。如果不使用精神这一概念,人类的生命就会丧失意义。如果使用精神这一概念,人们就会发现并意识到生命的意涵会出现困惑、遭到扭曲、自相矛盾乃至自我否定。无论如何,坚持用精神的意涵来解释自己,是人类的光荣。遗憾的是,在人类这一最辉煌的事业中,我们没有取得多少成功。

在这篇后记中,我的目的不在于增补本书的论点,而只是想否定一些通常被认为试图通过精神话语诠释生活的人的观点。

(1)

首先,当说一个人既是肉体又是精神时,并不是说这个人存在两个载体,一个大的,一个小的,后者在前者的某个地方,就像瓶子里的甲虫。这种说法当然会让精神的概念变得荒谬可笑。当下专门研究"外在"解释的人,非常巧妙地运用了这种嘲弄。诀窍很简单。他们认为一切都是通过肉体来表述的。这样一来,似乎就没有"精神"可谈。然后一个人问:"精神和肉体之间的外在关系是什么?"接下来的哄笑声就是解决问题的方法。但是,面对这种轻而易举的胜利,我是否可以坚持认为,一个人既是精神又是肉体,不代表其是两个不同的人,两个分离的躯体?相反,事实上,同一个人既是精神也是肉体,这就产生了问题。一个人通过讥讽嘲笑的方式,否定人类精神的存在,除了获得些许乐趣,得不到什么智慧的反哺。

然而,将外在和内在活动分开,具有有效的意义。这样做的根据,建立在主导行为的意图基础上。例如,教育一个人,努力培养他的勇气、智力和公平的信念。这样的工作,虽然从方法的角度来看是外在的,但从目标的角度来看,则是内在的。但是,如果试图改变某个外部环境,处理事情或财产,那么我们的行为相应地就具有外在属性。从这个意义上说,教育永远是一种精神事业,而工业永远是物质事业。当直接关注一个人的素质时,我们的兴趣是内在的。当注意力指向生活的外部力量时,我们的兴趣是外在的。正是在这个意义上,我们试图将外在变成内在的仆人。

其次,说人是一种精神意义上的存在,并不意味着其是静止不变的。一个人的身体,正如生理学家所看到的,处于不断变化的过程中。但这并不是说内在的生命是永恒不变的。如果有什么事情发生的话,情况刚好完全相反,肉体和精神都属于同一个人。正如人们所能看到的那样,人的精神和身体一样会发生变化,有生有死。精神变化无常,现在可能冷酷懒惰,后来可能会变得热情积极。否认精神会发生改变,否认其具有活性,就相当于说精神世界是不存在的。

最后,说人的精神是一样的,并不是说其在所有人、所有群体中都存在,而是将其视为在全人类范围内都可以明确地自我识别的神秘"实体"。正如肉体会存在差别,精神也一样。因此,在类似的一般背景下,人类的生理呈现出无限多样的生命形式,精神活动也是如此。孩子不会成为参议员。野蛮人不可能是阿米尔(H. F. Amiel)所著《日记》(*Journal*)的读者。同样的,懦夫也不是英雄。在此方面,任何一个人,和其他人一样,但每个人都是独特的、变化的、个体的自我。他们类似,但也在很多方面存在差异。

（2）

与这些对"精神"一词的误解相关的是,我们发现了支配精神生活的理想中若干本质错误,请允许我简单地提一下其中两点。

首先,理想的本质常常被说成遥不可及。在这一点上,它与随处可见、具体明确的外在目标形成对比。事实上,人们经常听到一种被定义为目标的理想,这种理想被异想天开地设定得如此遥不可及,以至于它对任何人来说,都没有实际意义。但是,我坚持,就遥不可及还是近在眼前而言,内在生活的目的和利益,与外在的目的和利益没有任何不同。卓越（excellence）与我们当下生活的远近程度,和幸福（happiness）一样。在这两种情况下,我们都凭借想象,为自己描绘出一个超越人类承受范围的伟大成就。正如可以梦想一个所有人都完全幸福的社会那样,我们也可以梦想一个所有人都完全令人钦佩的社会。但在这两种情况下,我们的想象力只具有愿望所宣称的价值。在实际的人类经验中,我们只意识到部分的幸福。以同样的方式,我们只获得了部分的卓越。一点一滴,一步一步,行动起来,某些优秀的品质,无论得到还是失去,都无法改变。此时此地,人的行为既可敬又可鄙,就像他们此时此刻,既幸福又悲惨。卓越,作为人类经验的理想本质,与幸福一样,是我们日常经验实在的、具体的和有限的特征。内心的生活并不是遥远的。它是我们自己当下的生活。无论何时,无论何地,只要我们生存,它便存在。它就是我们自己。

其次,人们常常断言,我们当中那些谈论理想的人声称掌握了笃定无疑的依据,使我们有理由作出教条式的声明。在外在世界,我们假设人们只能得到部分不确定的知识,但是在内在领域,绝对的和普遍的原则信手拈来。对于这一点,我是否可以回答说,教条主义的态度对于确定性的不恰当感觉——在我看来——似乎不专属于人类思维的任何一个流派?像对待卓越一样,一个人很容易教条地、不加批判地对待幸福。在这两个领域中,在相信证据之外能够证明的内容时,正确的思维习惯总是与冲动在天人交战。至于对内在方面的研究,在我们的传统中,没有哪位思想家像苏格拉底那样,在态度方面如此真实。但是,很难把他的结论归结为终局与绝对。苏格拉底爱用自己最喜欢的悖论形式进行阐明,他在了解精神生活方面胜过同侪的唯一一点,便是他清楚地认识到,自己对此一无所知。但是,不管怎样,在现代社会中,任何一个试图追随苏格拉底的人,都必须痛苦地意识到自己所面临的困难。精神生活领域的知识,比所谓的客观"科学"的外在世界更难发现,更难创造。我们寻求的关于理想的真理,相较于物理学和心理学的发现,可以给人类带来更深层次的影响,但我们必须以降低确定性及在处理问题时容忍更明显的不足来为此付出代价。一般说来,人类头脑的讽刺之一在于,提出的问题越重要,给出的答案就越不确定。

(3)

在使用"义务"这个术语上,还集中存在另外一组错误的诠释。我一直在说,人们有义务致力于开展对其提出正当要求的事业。我甚至冒昧地提出,美国,作为一个人口众多的大国,大有可为,这是从荣誉角度出发而必须完成的。这些陈述,在意图方面,和苏格拉底及耶稣类似。前者将他对人类需求长期而耐心的学习总结为"认识你自己"。对他而言,作为一个人,如果无法满足这种需求,就不值得活下去。耶稣则在其短暂而悲情的一生中,逐渐认识到了摆在所有人面前的一种责任。他说:"又要爱邻舍如同自己。"人,必须慷慨。

现在我所说的误解,具有一个共同点。他们被赋予了一种外在意义的义务。在他们看来,精神上的承诺变成了一种要求,通过威权和惩罚来强制执行。如果我说:"你必须——你是有义务的。"他们回答说:"谁说我必须——何种外部主体有权利或权力告诉我应该做什么?"而且很显然,内在的要求没有这种外部的权威,所以它们被认为是无意义的。有什么结论比这更悲惨吗?

责任的诉求不是外在的强制。它不是通过惩罚来强制执行的。因此,为了不被监禁而遵守法律的公民并没有因此表示尊重法律:他只是在表明自己喜欢户外的自由空气而已。因为害怕下地狱而不去抢劫寡妇和孤儿的人,并不表明自己受正义和仁慈义务的约束。我们在他的行为中只发现了他在温度方面的敏感和胆怯。如果我们这个时代的美国人能够看到,任何形式的外在强迫都永远与内在生活的活动无关,他就会意识到我们目前的思想是多么的缺少灵性。从痛苦、恐惧、享乐的欲望、回报的希望出发,这些都是被外力驱使的波涛。当脑袋被压到水下时,他们几乎没有精神上的溺水经验。认为一项义务是一项要求,就是完全忽略它的意义。

再说一次,我们人类"承担"某项义务,并不意味着我们被祖先们的"过去"所束缚。在某种意义上,我们应该忠诚于那些为我们探路的先人,反过来,应当继续他们的事业。但这并不意味着我们需要违背自己的判断,一味琢磨他们的想法,接受他们的决定。我所说的义务感是我们自己的,也必须是我们自己的。在这个领域,没有什么能支配我们,除了它表达我们自己的判断,除了它激起我们本性的钦佩和模仿,除了在我们自己的经历中,它的对立面让我们深感不满。没有任何观点对我们一定有效,哪怕是由摩西或孔子,杰斐逊或马歇尔(Marshall)说出的。如果我们的确像他们那样接受某种观点,也是由于我们认为这些人是对的。但是,作出判断的,是今天的我们,不是昨天的他们。

然而,在这一点上,我们将受到严峻的挑战。"如果你的义务没有来自过去的权威,"人们说,"如果它在你目前的自我之外没有权力或力量,那么,它除了转瞬即逝的情绪,还具备其他任何有效性吗?"由此看来,我们的承诺是武断而反复无常的,它们只不过是一时兴起、随着人类经验的不同影响而出现的情绪,把我们置于不同的控制之下。这个结论是这样的吗?我不这么认为。除非假定所有人现在的经历都是由一时冲动和激情所支配的,否则它是不存在的。但是我们为什么要假定什么才是明显的错误?正如我们所知道的,人有时会试图思考:许多人寻求激情、准确、客观、合理。他们并不总是愿意被一时兴起和任性所支配。相反,我们钦佩的人践行他们的承诺,反思他们的职责,共同商讨他们的义务,努力地在过去的记录中寻找关于他们的事业的智慧。当然,对于如此具有批判性的、耐心的、客观的研究,因为其只是当下的、个人的,故而一定是无常的、任性的,这种论点显然不太对劲!只有通过否定所有的有效性测试,通过毁灭所有的论点,使得自己的论点在共同的毁灭中倒下,才能证明这个结论是正确的。这是最常见的,也是最糟糕的"外在"谬误形式之一。

(4)

再说一遍,如果一个人说生命的更深层意义是内在的而不是外在的,其目的不是敦促人应当从喧嚣的现实生活中抽身出来,汲取营养,花时间沉思,寻求各自灵魂的完整性,反思各自的罪恶和美德。卓越,正如我们所说的,是人类行为的卓越。无论人类在哪里行动,都会赢得或输掉卓越。这是每个行为的内在特征。正如查尔斯·摩根(Charles Morgan)的《喷泉》(*The Fountain*)一书中的主人公,最后不得不在伦敦的印刷厂里寻求灵魂的不朽一样,我们每个人无论身在何处,无论做什么,一定生活得有好有坏。精神不是通过逃离身体,而是通过掌握它来生存的。精神和肉体一样都隶属于同一个人,但被用来评价、判断、促使其向更高的目标努力,而在其所生活的这个世界当中,这种努力不被理解且很难达成。的确,人们必须思考,必须冥想,必须有时从外部世界的斗争中抽身出来,以便为这种斗争寻求智力支持。但这一说法无论是对于桥梁和道路的外部规划,还是对正义和真理的内在反思,同样都是真实的。人必须学习。但是,无论语境为何,研究的正当性在于它所创造的生命的质量,而这正是它导致的结果。总之,精神学说不是一种逃避的学说。在某种程度上,它是这样一种学说:人具有勤劳的品行,人能够洞悉生活的差异而无须感到羞愧。

(5)

最后,请允许我坚持自己的观点,追求卓越而非幸福,并不是说幸福不可取,不值得我们去追求。相反,这两组"目标"对我们都很有价值。二者都不能放弃,或被视为一文不值。重要的是,我们不混淆它们,不允许其脱离与对应价值的适当关系。正如我所说,这种关系是困难且矛盾的。下面,请允许我更加清楚地陈述这个悖论的要素。

关于卓越与幸福的关系,我认为二者存在四个明显

矛盾的说法是正确的,具体内容如下:

第一,满足欲望是可取的。

第二,卓越的行为不仅仅是可取的,还是绝对必要的。

第三,当人类的生活不断走向卓越时,在其他条件不变的情况下,它也会变得更加幸福。

第四,即使卓越不能创造幸福,我们仍然选择它,仍然承认它是人类行为的优先要求。

我认为,只有当一个人面对这些陈述所包含的冲突时,才会品尝到人的全部滋味。迅速而任意地将一套价值体系降格为另一套价值体系,借此解决这些困难的想法,太过简单,不能有效地说明人们为了忠实于自身而必须有所作为这一事实。幸福不能归于卓越。卓越也不能还原为幸福。尽管人类本性渴望并执着追求统一,但在与世界打交道时,本质上仍然是双重的。作为论点的结语,请允许我再次强调得出这一结论的四点观察。

第一,当然不可能否认,对于有欲望的人来说,满足这些欲望是值得的。在寒冷中颤抖的人认为温暖的到来是美好的。在同伴的谴责下畏缩不前的人,确实渴望有快乐的一天,当他们相遇时,人们会微笑而不是皱眉。而且,还必须认识到,我们所说的行为的卓越之处,一定程度上在于技巧、毅力、献身精神,一个人试图借此获得自己想要的东西。如果一位父亲精明地照顾他的家人,为他们提供食物、住所、健康和教育,我们钦佩他这样做的细致和温情。同样,我们今天崇尚正义的热情,也许是人类最及时的美德,在很大程度上与土地、电力、租金、物价、工资和各种生活条件有关。就上述"商品"而言,谁能够积极有效地为自己及同伴争取,我们就钦佩谁。总而言之,实现卓越的目标,本意绝非对欲望的满足怀有敌意。

第二,但是,仅仅从满足的角度来解释一个人,无异于把哈姆雷特从人类戏剧中清除出去。与此类似,这样反思一个国家,也是错误且具有灾难性的。这样做让所有的精神价值都消失殆尽。说到底,人类最在乎的,还是精神意义上的价值观。如果任何一个人说他对美国的期望,是让所有人都获得外在意义上的满足,那么在我看来,他是从其他人的生活中将其所有的艺术与创造性品质剥离得一干二净。正如我所说的,这就是"我们—他们"这种贵族政治的邪恶谬误。为国家谋划的人是慷慨而高尚的。如果不是,他会感到羞愧。但这些人缺乏想象力,他想到的是其他美国人对自己而不是他本人对自己的仰慕和蔑视。但是,在渴望满足和享受方面,只要形势需要采取这种行动,他本人就乐于置之不理,甚至否认、破坏。诚然,我们必须为自己的伙伴出谋划策,贡献心力。除此之外的任何事,都不值得我们当中的任何一个人去做。但我们在计划中忽视他们与我们的相似性,为他们制订计划,就好像这些人不会再慷慨高尚,只为他们的幸福考虑而不顾及他们对卓越的追求,这对他们来说,是不可原谅的。试图让人们快乐是不够的。我们必须彼此尊重。当做到这一点时,人们便会在平等的基础上团结起来,共同努力,不计代价,使国家生活值得人们赞赏。

第三,一个人或一个国家想要失去自己幸福的方式,同时也是非常有效的寻找幸福的方式。当然,没有任何人能完全使人免于灾难。死亡、疾病、灾难、挫折,在等待我们所有人。痛苦、恐惧、失望的经历无法完全避免,这是事实。但不管情况多么糟糕,当人们一起努力改善时,情况会变得更好。这体现在两个方面。首先,由于人类具有思想,人类的行为并非完全无效,我们确实成功地消除了某些痛苦的起因,创造了若干快乐的源泉。其次,更重要的是,我们努力让别人满意,共同奋斗的友情带来了欢乐,这是一种同志之情。我想,在所有的欢乐中,没有比志同道合者于友好努力中融合在一起时所经历的喜悦位阶更高的了。这样一来,内在价值和外在价值实现了完美融合。我们为美国指明的方向，正是为了让一亿两千五百万美国人认识到这一经验。

第四，即使达成卓越的方式不是追求幸福的方式，我们，无论是作为个人还是作为一个整体，依然要有所选择。任何个人，任何国家，甚至人类本身，都并非必须快乐常伴，甚至永续存在。只要活着，我们就必须具备品位和智慧，拥有优雅和慷慨。许多事情远比不幸更糟糕。但最可耻的莫过于卑鄙。我们必须确保美国摆脱这一宿命。我们没有权利希望美国能逃脱外界的不幸，或者奢望美国永远存在。可以预料，美国也会像过去的其他国家一样，走向灭亡，不复存在。如果我们寄希望于从外部时间意义上说，美国将是人类愿望的"永恒之城"，那简直就是疯了。但我们可以，而且必须马上着手，规划美国如何在世界这幕大戏中适宜地演好其角色。如果人们现在或以后询问："何谓'美国'？"对此一定不能从外在的或者说我们职业生涯中的所作所为来考察,而是应当从内在的创造性活动中寻找答案。何谓"美国"完全取决于我们的精神赋予其什么意涵。我们的国家,不是可以占有和保存的财产,而是一个机会,一种义务,一份承诺。它的主要事业是确保男女老少的自由。

图书在版编目(CIP)数据

何谓"美国"？/（美）亚历山大·米克尔约翰著；李立丰译. —北京：北京大学出版社，2020.1
ISBN 978-7-301-30820-2

Ⅰ.①何… Ⅱ.①亚… ②李… Ⅲ.①政治—研究—美国 Ⅳ.①D771.2

中国版本图书馆 CIP 数据核字（2019）第 262539 号

书　　　名	何谓"美国"？ HEWEI "MEIGUO"？
著作责任者	〔美〕亚历山大·米克尔约翰 著　李立丰 译
责任编辑	柯　恒　焦春玲
标准书号	ISBN 978-7-301-30820-2
出版发行	北京大学出版社
地　　　址	北京市海淀区成府路 205 号　100871
网　　　址	http://www.pup.cn　http://www.yandayuanzhao.com
电子信箱	yandayuanzhao@163.com
新浪微博	@北京大学出版社　@北大出版社燕大元照法律图书
电　　　话	邮购部 010-62752015　发行部 010-62750672 编辑部 010-62117788
印　刷　者	北京中科印刷有限公司
经　销　者	新华书店 880 毫米×1230 毫米　32 开本　9.75 印张　114 千字 2020 年 1 月第 1 版　2020 年 1 月第 1 次印刷
定　　　价	59.00 元

未经许可，不得以任何方式复制或抄袭本书之部分或全部内容。
版权所有，侵权必究
举报电话：010-62752024　电子信箱：fd@pup.pku.edu.cn
图书如有印装质量问题，请与出版部联系，电话：010-62756370